노래하는 AI 보컬

인공지능총서

인공지능 시대입니다. 기계가 인간의 인지를 대신하고, 사물이 인간을 통하지 않고 다른 사물과 직접 커뮤니케이션합니다. 이에 따른 인간 삶과 문명 변화를 정확히 이해·예측·대응하는 것은 이 시대 우리 모두의 과제입니다. 인공지능총서는 인공지능 기술과 환경의 여러 주제를 10가지 키워드로 정리합니다. 관련 개념과 이론, 학계와 산업계의 쟁점, 우리 일상의 변화를 다룹니다. 인간과 기술의 현재, 미래를 세심히 분석합니다.

일러두기

- 인명, 작품명, 저서명, 개념어 등은 한글과 함께 괄호 안에 해당 국가의 원어를 병기했습니다.
- 외래어 표기는 현행 어문규정의 외래어표기법을 따랐습니다.

처음이세요?

전문가세요?

노래하는 AI 보컬

이기영

대한민국, 서울, 커뮤니케이션북스, 2025

노래하는 AI 보컬

지은이 이기영
펴낸이 박영률

초판 1쇄 펴낸날 2025년 5월 30일

커뮤니케이션북스(주)
출판 등록 2007년 8월 17일 제313-2007-000166호
02880 서울시 성북구 성북로 5-11
전화(02) 7474 001, 팩스(02) 736 5047
commbooks@commbooks.com
www.commbooks.com

ISBN 979-11-430-0236-5 03500

책값은 뒤표지에 표시되어 있습니다.

차례

인공지능, 노래의 새로운 주체가 되다

음악과 인공지능의 만남

음악은 인류의 역사와 함께 변화하며 시대와 문화의 흐름을 반영하는 중요한 예술 형태다. 특히 보컬은 음악에서 감정을 전달하는 핵심 요소로서 지속적인 발전을 거듭해 왔다. 최근 인공지능(AI)의 기술적 진보는 음악과 보컬의 개념을 새롭게 정의하며, 기존에는 인간만이 수행할 수 있다고 여겨졌던 감정 표현과 발성을 AI가 구현할 수 있는 단계로 발전하고 있다. 이를 통해 음악 창작과 감상 방식이 변화하고 있으며, 특히 한국어의 음운론적 특성을 반영한 AI 보컬 시스템 개발이 주목받고 있다.

AI 보컬 기술은 단순한 음성 합성을 넘어 감정을 반영하는 방식으로 발전하고 있다. 초기 기술은 음성 데이터를 기반으로 특정 패턴을 학습하는 데 집중되었으나, 최근에는 심층 신경망과 트랜스포머(Transformer) 모델을 활용해 감정의 세밀한 표현이 가능해지고 있다. 예를 들어, 슬픔을 표현할 때는 템포를 늦추고 부드러운 음색을 강조하며, 활기찬 감정을 나타낼 때는 강세를 뚜렷이 하고 빠른 리듬을 적용하는 방식이 연구되고 있다. 이러한 기술적 접근은 AI 보컬이 보다 인간적인 감각을 구현하는 데 기여하고 있다.

한국어는 조음 방식과 음운 변동이 독특한 언어로, 음절 구조 및 받침이 발음의 자연스러움에 중요한 역할을 한다. 기존 영어 중심의 AI 보컬 모델을 한국어에 그대로 적용하면 발음이 부자연스럽거나 음운 변화를 충분히 반영하지 못하는 문제가 발생할 수 있다. 따라서 한국어 AI 보컬 기술은 한국어의 음운 체계를 반영한 맞춤형 알고리즘을 필요로 하며, 이를 위해 발음 교정 및 자연스러운 연결을 보장하는 보정 기술이 적용되고 있다. 이러한 연구는 한국어 보컬 AI의 표현력을 높이고, 다양한 음악 스타일에서 활용할 수 있도록 돕는다.

AI 보컬 기술의 응용 범위는 다양하다. 가상 가수 제작, 보컬 리마스터링, 음악 교육 및 보컬 트레이닝 등의 분야에서 AI는 새로운 가능성을 제시하고 있다. AI를 이용하면 특정 가수의 음색과 감정을 반영한 보컬을 구현할 수 있으며, 기존 녹음 파일을 복원하거나 향상하는 데도 활용할 수 있다. 또한 음악 교육에서는 AI가 학생들에게 다양한 보컬 스타일을 학습하고 피드백을 제공하는 도구로 사용될 수 있다.

그러나 AI 보컬 기술의 발전과 함께 윤리적 논의도 필요하다. 특정 가수의 음색을 무단으로 사용하거나 AI가 생성한 음악과 인간의 창작물을 구별하는 문제 등이 제기되고 있다. AI 보컬이 보편화되면 기존 음악가들의 역할과 예술적 가치에 대한 새로운 정의가 요구될 수 있으며, 이를 보호하기 위한 법적 규제와 보안 기술도 함께 발전해야 한다. 또한 AI 보컬 기술이 악용될 가능성을 방지하기 위한 인증 시스템 구축이 중요하다.

AI 보컬 기술은 음악 산업의 새로운 흐름을 형성하며, 향후 더욱 정교한 감정 표현과 자연스러운 발성을 가능하게 할 것이다. 특히, 한국어 보컬 AI의 발전은 언어적 특성을 반영한 맞춤형 모델을 요구하며, 이를 위한 연구와 기술 개발이 지속적으로 이루어질 것이다. AI와 인간이 협력해 새로운 음악적 가치를 창출하는 시대가 도래하고 있으며, 이를 올바르게 활용하기 위한 연구와 논의가 필수적이다.

감정 표현과 발음의 정밀함

한국어는 평음, 경음, 쌍자음 같은 다양한 음운론적 요소를 포함하며, 이러한 발음적 특성은 감정 전달에 중요한 영향을 미친다. 같은 문장이라도 억양과 발음 방식에 따라 감정이 다르게 전달되며, 노래에서는 이러한 차이가 더욱 뚜렷하게 나타난다. 감정의 뉘앙스를 세밀하게 조정하는 것은 곡의 분위기와 전달력을 결정하는 요소로 작용하며, AI 보컬 기술이 보다 자연스러운 감정을 표현하기 위해서는 이러한 음운론적 특성을 정확히 분석하고 구현하는 과정이 필요하다.

음악에서 감정을 효과적으로 전달하기 위해서는 단순한 음조 변화뿐만 아니라 음소와 음절의 조합이 중요하다. 한국어의 경우, 종성과 받침 발음이 감정 전달력에 큰 영향을 미치며, 발음의 미묘한 차이가 감정의 강도를 조절하는 요소로 작용한다. 부드러운 감정을 표현할 때는 받침이 약화되거나 연음이 강조되며, 강한 감정을 나타낼 때는 경음과 쌍자음이 더욱 뚜렷하게 발현된다. 또한 모음의 길이와 강세 변화 역시 감정 표현에 중요한 역할을 하며, 동일한 단어라도 모음 길이에 따라 감정의 차이가 발생할 수 있다.

감정 표현에서 또 다른 중요한 요소는 발성 방식과 공명 위치이다. 사람의 목소리는 성대뿐만 아니라 구강, 비강, 흉강 등의 공명 공간을 활용해 감정을 표현하며, 감정이 고조될수록 공명점이 높아지고, 차분한 감정을 표현할 때는 낮은 공명이 강조된다. 예를 들어, 강한 감정을 표현하는 발성에서는 성대 접촉이 강해지고 공명점이 상승하며, 반면 차분한 감정을 담은 발성에서는 성대의 긴장도가 낮아지고 비강 공명이 강조된다. 이러한 차이는 노래에서도 동일하게 적용되며, 가수들이 특정 감정을 강조하기 위해 발성 방식을 조절하는 것이 이를 뒷받침한다.

AI 보컬이 인간과 유사한 감정을 표현하기 위해서는 이러한 음운론적 요소를 면밀히 분석하고 데이터화해 학습하는 과정이 필요하다. 기존의 음성 합성 모델은 주로 음높이와 속도 조절을 통해 감정을 표현하지만, 보다 정교한 감정 전달을 위해서는 개별 음소의 조합과 공명 특성을 반영한 모델이 필수적이다. 딥 러닝 기반의 신경망 모델을 활용하면 이러한 음운적 특성을 세밀하게 학습할 수 있으며, 인간의 발성 패턴을 보다 정밀하게 모방할 수 있다.

최근 연구에서는 AI 보컬이 감정을 자연스럽게 표현할 수 있도록 음소 단위의 감정 데이터세트(dataset)를 구축하고, 이를 바탕으로 감정 가중치를 조절하는 방식을 개발하고 있다. 동일한 단어라도 감정에 따라 억양과 발음 패턴이 달라지며, 이를 반영하는 모델이 등장하고 있다. 이러한 모델은 단순한 감정 태깅(tagging) 방식을 넘어, 실제 인간의 발성 특징을 반영해 보다 자연스럽고 정교한 감정 표현을 가능하게 한다.

음악에서 감정 표현의 정밀도를 높이기 위해서는 AI 보컬 기술이 단순한 음소 조합을 넘어 곡의 흐름과 맥락을 이해하는 방향으로 발전해야 한다. 즉, 문장 단위의 감정 변화뿐만 아니라 곡 전체에서 감정이 어떻게 점진적으로 발전하는지를 분석하고 이를 반영하는 것이 중요하다. 인간 가수는 곡의 감정을 고려해 발성 강도와 억양을 조절하며, AI 역시 이를 학습해 곡의 감정적 흐름을 자연스럽게 표현할 수 있어야 한다.

AI 보컬 기술이 이러한 수준에 도달하기 위해서는 감정 데이터를 세분화해 분류하고, 음운론적 요소와 결합해 최적화된 감정 표현 모델을 구축하는 연구가 필요하다. 감정 데이터세트 구축 과정에서는 단순한 감정 카테고리를 넘어, 세부적인 감정 단계(예: 흥분된 기쁨과 차분한 기쁨을 구분하는 방식)를 도입하는 것이 효과적일 수 있다. 또한 한국어의 음운론적 특성을 AI 보컬 합성에 반영하기 위해 발음 교정 기술과 음성 합성 알고리즘을 결합하는 연구가 이루어져야 한다.

AI 보컬 기술이 감정 표현과 발음의 정밀함을 구현하는 것은 AI가 인간의 감성을 보다 자연스럽게 모방하는 데 필수적인 요소이며, 이를 통해 AI 보컬은 인간적인 음악적 경험을 제공할 수 있다. 향후 AI 보컬 기술이 더욱 발전함에 따라 감정 전달의 섬세함이 강조된 AI 기반 음악이 새로운 예술적 흐름을 형성할 가능성이 높아지고 있으며, 이를 위한 지속적인 연구와 개선이 필요하다.

AI 보컬 시스템 개발 과정

AI 보컬 시스템 개발 과정은 데이터 수집, 모델 학습, 성능 평가의 세 가지 주요 단계로 구성된다. 이 과정은 단순한 음성 합성이 아니라, 인간 보컬의 감정 표현과 음운론적 특성을 정밀하게 반영하는 것을 목표로 한다. 이를 위해 한국어의 음운 체계, 발성 기제, 감정 표현 방식을 면밀히 분석하고 AI 모델에 적용하는 것이 필수적이다.

데이터 수집 단계에서는 한국어의 초성, 중성, 종성을 포함한 1744개의 실현 가능한 음절을 구축하고, 발성 시의 공명 위치 및 음운 변화를 고려한 데이터베이스를 형성한다. 한국어는 받침과 자음 강세에 따라 음의 지속 시간과 공명 구조가 달라지며, 이는 AI 보컬이 자연스러운 발음을 생성하는 데 중요한 요소다. 특히 노래에서의 발성은 높은 피치(pitch. 음높이) 변동과 다양한 강세 패턴을 포함하기 때문에, 이를 반영한 대규모 데이터세트 구축이 필요하다. 다양한 연령, 성별, 발성 스타일을 포함한 데이터를 수집하며, 이를 전(前)처리해 AI 학습에 최적화된 형태로 제공한다. 전처리 과정에서는 배경 소음을 제거하고, 개별 음소 및 음절 단위로 데이터를 정제하며, 강세 패턴과 리듬을 분석한다.

모델 학습 단계에서는 딥 러닝 알고리즘을 활용해 AI가 인간의 발성을 학습하도록 한다. 한국어의 음성 합성을 최적화하기 위해 다양한 목소리 데이터를 분석하고, 감정과 발음을 자연스럽게 표현할 수 있도록 조정한다. AI 보컬 시스템은 음성의 톤, 피치, 강세, 감정 등을 종합적으로 고려해야 하며, 이를 위해 TTS(Text-to-Speech) 모델, Wavenet, Tacotron2, FastSpeech 등의 기술을 적용한다. 단순한 음높이 조절이 아니라, 음소 간의 연결 패턴, 조음 방식, 공명 강도를 학습해 감정 표현을 정교하게 구현한다. 또한 감정 인식 모듈을 추가해 텍스트의 감정적 맥락을 분석하고, 이에 맞는 보컬 스타일을 적용할 수 있도록 한다. 감정을 슬프게 표현할 때는 공명점을 낮추고, 피치를 미세하게 떨어뜨리며, 강세를 부드럽게 조절하는 등의 기술이 사용된다.

성능 평가 단계에서는 AI가 생성한 보컬이 실제 인간의 음성과 얼마나 유사한지 비교 분석한다. 주관적 평가와 객관적 평가를 병행해서 AI 보컬의 감정 전달력과 자연스러움을 검증한다. 주관적 평가는 청취자가 AI 보컬을 듣고 자연스러움, 감정 표현력, 음악적 표현력을 평가하는 방식이며, 객관적 평가는 신호 처리 기법을 활용해 AI 보컬의 음향적 특성을 분석하고 인간 음성과의 유사성을 정량적으로 측정하는 방식이다. 평가 척도로는 MFCC(Mel-Frequency Cepstral Coefficients), PESQ(Perceptual Evaluation of Speech Quality), MOS(Mean Opinion Score) 등이 사용된다. 여기에 더해, 보다 정밀한 음성 평가를 위해 스펙트로그램(spectrogram)을 이용한 시각적 비교와 Praat 소프트웨어를 활용한 포먼트(formant) 분석을 통해 AI 보컬과 인간 보컬의 음향적 차이를 정밀하게 측정한다. 또한 SDR(Signal-to-Distortion Ratio, 신호 대 왜곡 비), SAR(Signal-to-Artifacts Ratio, 신호 대 잡음 비) 같은 지표를 사용해 합성 과정에서 발생하는 음질 왜곡과 잡음을 정량적으로 평가하는 연구도 진행된다. 더불어 감정 인식 모델을 활용해 AI 보컬의 감정 전달력을 보다 체계적으로 검증하는 연구도 진행된다.

AI 보컬 시스템 개발은 기술적 도전뿐만 아니라 예술적 표현을 구현하는 과정이기도 하다. 인간의 보컬은 단순한 음성 신호가 아니라 감정과 개성이 반영된 표현 도구이므로, AI가 이를 모방하는 것은 복합적인 문제다. 따라서 AI 보컬 개발에서는 모델의 성능을 향상시키는 동시에 예술적 표현력을 강화하는 접근이 필요하다. 향후 AI 보컬 기술이 발전하면서 기존의 음성 합성 기술을 넘어 감정적 디테일까지 구현할 수 있는 새로운 방식이 등장할 것으로 예상되며, 이는 음악 산업에서 AI의 활용 가능성을 더욱 확대할 것이다.

한국어 보컬의 독특한 특징 분석

한국어는 음운론적으로 독특한 구조를 가지고 있으며, 발성의 미세한 차이가 감정 표현에 직접적인 영향을 미친다. 한국어의 음운 체계는 다른 언어보다 복잡하고 정교하며, 이는 노래를 부를 때 감정 전달 방식에도 영향을 준다. 따라서 AI 보컬 시스템이 한국어의 발음과 감정 표현을 자연스럽게 구현하려면 기존의 단순한 음성 합성 기법을 넘어서는 정밀한 연구와 데이터 분석이 필요하다.

한국어는 평음, 경음, 쌍자음 같은 특수한 자음 체계를 포함하고 있다. 이러한 발음 요소는 단순한 음색뿐만 아니라 노래에서 강약 조절과 억양 표현에도 중요한 역할을 한다. 예를 들어, 경음(ㄲ, ㄸ, ㅃ, ㅆ, ㅉ)은 강한 발성을 유도해 강한 감정을 표현하는 데 적합하며, 평음(ㄱ, ㄷ, ㅂ, ㅅ, ㅈ)은 부드러운 톤을 형성해 감미로운 감정을 전달하는 데 유리하다. 이러한 차이는 일반적인 대화에서는 미묘하게 나타나지만, 노래에서는 보다 뚜렷하게 구분되며, 감정 전달에 큰 영향을 미친다.

또한 받침이 있는 단어와 없는 단어의 발성 차이는 감정 전달 방식에도 차이를 만든다. 한국어의 받침은 발음의 흐름과 리듬감에 영향을 주며, 연음 형성에도 기여한다. 받침이 있는 단어는 보다 강한 마무리를 형성해 단단한 느낌을 주지만, 받침이 없는 단어는 유연하고 부드러운 톤을 형성한다. 따라서 한국어 노래에서 가사의 분위기와 감정을 표현할 때, 받침의 존재 여부가 감정 전달의 강도를 조절하는 요소로 작용한다. 이러한 특성을 AI 보컬 시스템에 반영하기 위해서는 한국어의 음운론적 특징을 기반으로 한 정밀한 데이터 분석과 모델링이 필요하다.

기존 AI 보컬 모델들은 영어 같은 비교적 단순한 음운 체계를 가진 언어를 중심으로 개발되었기 때문에, 한국어 같은 복잡한 발음 체계를 구현하려면 보다 정교한 접근 방식이 요구된다. 영어는 개별 음소 간 연결이 단순하고 강세 구조가 명확하게 구분되지만, 한국어는 자음과 모음의 조합이 다양하며, 연음과 축약이 빈번하게 발생한다. 또한 한국어의 성조와 억양 패턴은 감정 전달에 중요한 영향을 미치므로, 동일한 문장이라도 억양과 발음 차이에 따라 감정적 뉘앙스가 크게 달라질 수 있다.

이러한 특성들을 AI 보컬 시스템에 적용하기 위해서는 대규모 데이터세트 구축과 정밀한 데이터 라벨링이 필수적이다. 한국어 음운 체계를 반영한 방대한 데이터 세트를 구성하고, 이를 바탕으로 AI가 발음 패턴과 감정 표현을 학습할 수 있도록 해야 한다. 예를 들어, 같은 단어라도 감정 상태에 따라 발음이 달라질 수 있으며, 노래에서는 더욱 다양한 억양과 강세 패턴이 적용된다. 따라서 AI 모델이 이를 정확하게 인식하고 재현할 수 있도록 학습하는 과정이 필요하다.

또한 한국어의 억양 패턴과 감정 표현을 효과적으로 반영하기 위해 AI 보컬 시스템은 음성 합성 기술뿐만 아니라 감정 분석 및 자연어 처리(NLP) 기술과도 결합될 필요가 있다. 예를 들어, 텍스트에서 감정을 분석한 후, 해당 감정에 맞는 발성 방식과 억양을 선택하는 방식으로 모델을 설계할 수 있다. 이를 통해 AI 보컬은 단순한 음성 합성이 아니라 실제 사람과 유사한 감정적 표현을 구현할 수 있다.

결론적으로, 한국어의 음운론적 특성과 감정 전달 방식을 정밀하게 반영한 AI 보컬 시스템을 개발하려면 기존 음성 합성 기술을 보완하는 새로운 접근 방식이 필요하다. AI가 한국어의 복잡한 발음 체계를 자연스럽게 재현하고 감정 표현을 정교하게 구현할 수 있도록 하기 위해서는 심층 신경망 모델을 활용한 학습과 방대한 한국어 음성 데이터세트 구축이 필수적이다. 또한 한국어의 발성 특징과 감정 표현을 보다 효과적으로 반영하기 위해 음향학적 요소와 음악적 요소를 융합하는 연구가 지속적으로 이루어져야 한다. 이러한 연구를 통해 AI 보컬 기술이 발전하면, 한국어 음악 산업에서 보다 자연스러운 AI 기반 보컬 합성이 가능해질 것이다.

AI 보컬 시스템의 감정 표현

AI 보컬 시스템이 감정을 효과적으로 전달하려면 단순한 음성 합성을 넘어 감정 표현 기능이 필요하다. 기존 음성 합성 기술은 주로 텍스트를 음성으로 변환하는 과정에서 명확한 발음과 자연스러운 억양을 구현하는 데 집중해 왔다. 그러나 감정을 포함한 노래에서는 단순한 음성 변환만으로는 자연스러운 감정 표현이 어렵다. 이에 따라 AI 보컬 시스템은 감정 표현을 정밀하게 조절할 수 있도록 딥 러닝 기반 기술을 활용해 발전하고 있다.

이를 위해 AI 모델은 다양한 감정 상태에서 녹음된 음성을 학습하고, 감정 표현을 위한 음성 패턴을 분석한다. 기쁨, 슬픔, 분노, 평온 같은 주요 감정 카테고리를 구분한 데이터세트를 구축하고, 감정이 포함된 보컬 데이터를 학습함으로써 AI가 특정 감정을 자연스럽게 표현할 수 있도록 한다. 또한 감정별 발성의 차이를 분석해 음색, 피치, 속도, 강세, 음량 등의 요소를 조절하는 연구가 이루어졌다. 예를 들어, 감정을 슬프게 표현할 때는 낮은 음량과 긴 호흡을 강조하고, 분노를 표현할 때는 강한 강세와 빠른 속도를 적용하는 방식으로 감정별 특성이 반영된다.

AI 보컬 시스템이 감정을 보다 정밀하게 표현하기 위해서는 음성의 강세, 호흡량, 공명 위치 등의 요소를 분석하고 적용하는 과정이 필요하다. 감정 표현에서 강세는 중요한 요소이며, 기쁨을 나타낼 때는 강한 강세가 지속적으로 유지되고, 슬픔을 표현할 때는 약한 강세가 길게 지속된다. AI가 이러한 차이를 학습하면 감정을 더욱 자연스럽게 재현할 수 있다. 또한 호흡량도 감정 표현에서 중요한 역할을 한다. 인간은 감정에 따라 호흡 속도와

양을 조절하며, 격앙된 감정에서는 짧고 강한 호흡이 차분한 감정에서는 길고 부드러운 호흡이 사용된다. AI 보컬 시스템이 이를 반영하려면 실제 가수의 호흡 패턴을 분석하고, 음성 합성 과정에서 이를 적용하는 알고리즘을 개발해야 한다.

공명 위치도 감정 표현에 영향을 미친다. 공명은 성대에서 생성된 소리가 구강, 비강, 흉강을 통해 증폭되는 과정으로, 감정에 따라 공명의 위치가 달라진다. 분노 같은 강한 감정을 표현할 때는 고음역의 공명이 강조되고, 슬픈 감정을 표현할 때는 낮은 공명이 활용된다. AI 보컬 시스템이 자연스러운 감정 표현을 위해서는 이러한 공명 변화를 정밀하게 반영해야 한다.

노래에서 감정을 보다 자연스럽게 전달하기 위해 AI는 리듬과 멜로디의 변화를 인식하고 이에 맞춰 발성을 조정하는 기술을 적용한다. 기존의 음성 합성 기술은 일정한 속도로 발음을 생성하는 경향이 있지만, 실제 가수들은 노래를 부를 때 감정에 따라 리듬을 조절한다. 예를 들어, 슬픈 감정이 강조된 부분에서는 템포를 느리게 하고, 기쁜 감정이 포함된 부분에서는 빠르고 경쾌한 리듬을 유지하는 방식이다. AI가 이를 구현하려면 음성 합성 모델이 음악의 템포 변화와 멜로디 패턴을 실시간으로 분석하고 이에 적합한 발성을 자동으로 조절할 수 있어야 한다.

AI 보컬 시스템의 감정 표현 기술은 지속적으로 발전하고 있으며, 이를 더욱 정밀하게 개선하기 위한 연구가 진행 중이다. 최근에는 멀티모달 학습 방식을 도입해, 음성뿐만 아니라 얼굴 표정, 제스처 등의 데이터를 함께 학습함으로써 AI가 감정을 더욱 세밀하게 표현할 수 있도록 하고 있다. 또한 사용자가 감정 강도를 직접 조절할 수 있는 인터페이스도 개발되고 있어 AI 보컬의 활용 범위가 확대되고 있다. 이러한 기술이 발전하면서 AI 보컬 시스템은 단순한 음성 합성을 넘어 보다 인간적인 감정을 자연스럽게 표현하는 방향으로 진화하고 있다.

결과적으로 AI 보컬 시스템이 감정을 정교하게 표현하려면 단순한 음성 합성을 넘어 음성의 강세, 호흡량, 공명 위치, 리듬 및 멜로디 변화를 종합적으로 고려해야 한다. 이를 위해 딥 러닝 기반 감정 분석 및 음성 합성 기술이 결합된 모델이 필요하며, 이를 통해 AI 보컬 시스템이 실제 가수와 유사한 감정을 표현할 수 있도록 지속적인 연구가 이루어지고 있다. AI 보컬 기술이 더욱 발전하면 가상 가수의 감정 표현력 향상뿐만 아니라 음악 교육, 음성 치료, 인터랙티브 미디어 등 다양하게 많은 분야에서 활용 가능성이 더욱 커질 것으로 예상된다.

AI 보컬 기술의 사회적 가치

AI 보컬 시스템이 사람과 유사한 자연스러운 발음과 감정을 표현할 수 있다면, 이는 음악 산업뿐만 아니라 다양한 사회적 분야에서도 활용될 수 있다. 현재 AI 보컬 기술은 주로 음악 제작과 가상 가수 개발에 집중되고 있지만, 기술이 발전함에 따라 장애인 보조 기술, 교육, 문화 교류, 의료 등 다양한 분야에서 적용 가능성이 높아지고 있다.

특히, 음성 장애가 있는 사람들을 위해 맞춤형 음성 솔루션을 제공할 수 있다. AI 보컬 기술을 활용하면 사용자의 기존 음성 데이터를 학습해 개인의 음성을 재현하는 모델을 구축할 수 있다. 예를 들어, 성대 손상이나 근육 위축성 질환으로 인해 말을 할 수 없는 사람들도 AI를 통해 본인의 음성을 복원하고 활용할 수 있다. 이러한 기술이 발전하면 단순한 텍스트 음성 변환을 넘어 감정을 포함한 맞춤형 보컬 합성이 가능해질 것이다.

AI 보컬 기술은 다국어 음성 합성에도 활용될 수 있다. 글로벌 음악 시장에서 AI 보컬을 활용하면 특정 언어에 최적화된 음성을 생성할 수 있으며, 이를 통해 다양한 국가의 청중을 대상으로 음악을 제작할 수 있다. AI가 한국어, 영어, 중국어 등 여러 언어를 자연스럽게 구사하도록 학습하면, 한 언어로 제작된 노래를 다른 언어로 변환해 제공하는 것이 가능해진다. 이를 통해 국제적인 음악 교류를 촉진하고, 각 문화의 음악적 특성을 유지하면서도 더 넓은 청중에게 다가갈 수 있다.

교육 분야에서도 AI 보컬 기술은 중요한 역할을 할 수 있다. 음악 교육에서는 AI 보컬을 활용해 다양한 보컬 스타일을 학습하고 훈련할 수 있도록 지원할 수 있다. 또한 비전공자들도 AI를 이용해 노래를 부르는 경험을 할 수 있어 음악 창작의 접근성을 높일 수 있다. 외국어 학습에서도 AI 보컬 기술을 활용하면 학습자에게 정확한 억양과 발음을 제공할 수 있으며, 학습자가 자신의 음성을 AI 보컬과 비교해 피드백을 받을 수도 있다.

의료 및 심리 치료 분야에서도 AI 보컬 기술이 적용될 수 있다. 감정적으로 안정된 목소리를 제공해 심리 치료 및 명상 프로그램에서 활용될 수 있으며, 음성 치료 시스템을 통해 맞춤형 발성 훈련을 제공할 수 있다. 또한 노화로 인해 목소리가 약해진 고령자들을 위해 AI를 활용한 음성 강화 기술을 적용하면 의사소통이 원활해지고 삶의 질이 향상될 수 있다.

AI 보컬 기술은 새로운 예술적 형태를 제시할 가능성도 있다. 인공지능이 음악 창작에 협력하거나 가상의 보컬 아티스트를 제작하는 방식이 발전하면 음악의 개념이 확장될 수 있다. 예를 들어, 과거 아티스트의 목소리를 복원해 새로운 음악을 제작하거나, 특정 시대의 보컬 스타일을 재현하는 등의 응용이 가능해진다. 이를 통해 음악의 창작 방식이 변화하고, 새로운 형태의 예술적 접근이 가능해질 것이다.

AI 보컬 기술은 음악 산업을 넘어 다양한 사회적 가치와 활용 가능성을 제공하는 혁신적인 기술이다. 장애인을 위한 맞춤형 음성 솔루션, 다국어 음악 제작, 교육 및 의료 분야에서의 적용 등 AI 보컬의 응용 범위는 계속 확장되고 있다. 또한 기술이 발전함에 따라 인간과 AI가 협력해 새로운 창작 방식을 모색할 가능성도 커지고 있다. 앞으로 AI 보컬 기술이 더욱 발전함에 따라 단순한 음성 합성을 넘어 사회적으로 중요한 역할을 할 것으로 예상된다. 이를 바탕으로 더욱 창의적인 활용이 이루어질 수 있을 것이다.

인간과 인공지능의 공존

AI 보컬 시스템은 단순한 음성 합성 기술을 넘어 인간과 협업해 예술적 표현을 확장하는 도구로 자리 잡고 있다. 감정을 담아 노래하는 AI가 등장하면서 음악 창작 방식에도 변화가 일어나고 있으며, 이는 음악 산업뿐만 아니라 예술 전반에도 영향을 미칠 것으로 예상된다. AI가 음악을 창작하고 감정을 전달하는 과정에서 인간과 협력하는 방식은 앞으로 더욱 중요해질 것이다.

AI 보컬 기술의 발전은 기존 음악 창작 방식에 변화를 가져오고 있다. 과거에는 가수가 직접 노래를 부르고 녹음해야 했지만, AI는 특정 감정을 반영한 보컬을 생성할 수 있는 단계에 도달했다. 이 기술은 음악가들에게 새로운 창작 도구를 제공하며, 보다 다양한 음악적 실험을 가능하게 한다. AI를 활용하면 과거에 존재하지 않았던 목소리를 창조할 수 있으며, 특정 가수의 음성을 기반으로 새로운 음악을 제작하는 것도 가능해졌다. 이러한 기술적 변화는 음악 제작 환경을 확장하고, 인간과 AI가 협력하는 새로운 형태의 창작 방식을 만들고 있다.

향후 AI 보컬 기술이 더욱 발전하면서 음악 산업에서의 역할도 확대될 것으로 예상된다. 그러나 AI가 인간의 감정을 완벽하게 재현하는 것은 여전히 기술적으로 어려운 과제다. 인간의 감정 표현은 단순한 음성 신호를 넘어서 심리적, 생리적 요소에 의해 결정되므로, AI가 이를 완전히 이해하고 표현하는 것은 한계가 있다. 따라서 AI와 인간 보컬리스트가 협력해 더욱 풍부한 음악적 경험을 제공하는 방식이 중요한 연구 주제가 될 것이다. AI는 인간 가수의 표현력을 보조하는 역할을 할 수도 있고, 독립적인 음악 창작자로 활용될 수도 있다.

AI와 인간이 공존하는 음악 환경에서는 새로운 윤리적 문제도 제기된다. AI가 특정 가수의 음성을 복제해 새로운 곡을 제작하는 경우, 원 가수의 권리를 보호하는 방안이 필요하다. 또한 AI가 창작한 음악과 인간이 창작한 음악을 어떻게 구별할 것인지, 그리고 AI 기반 음악이 대중에게 미치는 영향에 대한 연구도 중요하다. AI가 창작자로 인정받을 수 있는지, 인간과 AI의 협업이 예술적 가치에 미치는 영향에 대한 논의도 지속될 것이다.

AI 보컬 기술의 발전은 음악 소비 방식에도 변화를 가져올 수 있다. 현재의 음악 산업은 가수와 작곡가 중심으로 운영되지만, 미래에는 AI가 개인 맞춤형 음악을 생성하는 역할을 할 가능성이 높다. 예를 들어, 청취자의 감정이나 환경에 따라 실시간으로 감정을 반영한 음악을 생성하는 시스템이 개발될 수 있다. 이는 기존 음악 감상 방식과는 다른 경험을 제공하며, 인간과 AI가 공동으로 음악을 제작하는 새로운 형태의 창작 방식이 될 수 있다.

AI가 단순한 기술적 도구를 넘어 창작자로 자리 잡을 가능성, 그리고 인간과 AI가 함께 만들어 가는 음악의 미래가 어떻게 변화할지는 지속적인 연구와 논의를 필요로 한다. AI 보컬 시스템의 발전은 음악 산업뿐만 아니라 예술적 표현 방식 전반에 영향을 미칠 것이며, 인간과 AI가 협력해 창의성과 감성을 확장하는 과정이 될 것이다. 이를 통해 음악은 더욱 다양한 형태로 발전할 것이며, AI와 인간이 공존하는 음악 환경이 새로운 예술적 패러다임을 형성할 것으로 예상된다.

참고문헌

권철홍(2021). 딥 러닝 기반 한국어 실시간 TTS 기술 비교. ≪문화기술의 융합≫, 7(1), 640-645쪽.

김도경(2020). 프레임단위특징과 발음단위특징을 통합하는 Attention Mechanism을 이용한 음성감정 인식 연구. 석사학위논문, 한양대학교.

김아름(2022). 한국어 자동 음성 인식의 오류 유형에 대한 음운론적 연구. 박사학위논문, 서울대학교.

김영(2023). 딥 러닝 기반 인공신경망 모델 최적화를 통한 음악적 표현 증강 연구 - 벨로시티 개선을 중심으로. 박사학위논문, 상명대학교.

김진하(2021). 인공지능 작곡 프로그램의 발전 방향의 연구. 석사학위논문, 상명대학교.

박진철(2021). 인공지능(AI)을 활용한 한국어 듣기 교육 자료 제작 연구 – 음성 합성기술(TTS) 활용을 중심으로 –. ≪이중언어학≫, 82, 61-84쪽.

유현주(2022). 인공지능의 음악 창작 사례 연구: 구글의 인공지능 마젠타 프로젝트 사례를 중심으로. ≪차세대 융합기술학회논문지≫, 6(9), 1737-1745쪽.

임창송 · 배건성(2010). HMM 기반의 한국어 합성음에 대한 PESQ 및 MOS 평가의 상관도 분석. ≪말소리와 음성과학≫, 2(1), 71-75쪽.

조상모(2018). 감정 보컬로지(Vocology)를 통한 발성 교정 사례 연구. 박사학위논문, 국민대학교.

최성락(2008). 마코프 체인 모델과 몬테칼로 시뮬레이션 모델을 결합한 자동작곡 연구 모델의 개발에 관한 연구. 박사학위논문, 상명대학교.

한나래 · 이승연(2023.6). 인공지능의 음악 그리고 창의성. ≪한국엔터테인먼트산업학회 학술대회 논문집≫, 1-8쪽.

A-Hyeon, Jo & Keun-Chang, Kwak(2023). Speech Emotion Recognition Based on Two-Stream Deep Learning Model Using Korean Audio Information. *Applied Sciences*, 13(4), p.2167.

Christiner, M. & S. M. Reiterer(2013). Song and Speech: Examining the Link Between Singing Talent and Speech Imitation Ability. *Frontiers in Psychology*, 4: Article 874.

Dash, Adyasha & Agres, Kat R.(2023). AI-Based Affective Music Generation Systems: A Review of Methods, and Challenges. arXiv, arXiv:2301.06890

Duyoung, Jeon et al.(2022). User Guide for KOTE: Korean Online Comments Emotions Dataset. arXiv, arXiv:2205.05300v1.

Huang, Rongjie et al.(2022). SingGAN: Generative Adversarial

Network for High–Fidelity Singing Voice Generation. arXiv, arXiv:2110.07468v4.

Hyeong–Seok, Choi et al.(2022). NANSY++: Unified Voice Synthesis with Neural Analysis and Synthesis. arXiv, arXiv:2211.09407.

Nayem, K. Md. & Williamson, D.(2023). Attention–Based Speech Enhancement Using Human Quality Perception Modeling. arXiv, arXiv:2303.13685.

Tan, Xu et al.(2021). A Survey on Neural Speech Synthesis. arXiv. arXiv:2106.15561.

Yamamoto, Ryuichi et al.(2022). NNSVS: A Neural Network–Based Singing Voice Synthesis Toolkit. *Papers with Code.*

01
음운론과 음성 합성 기술의 이해

음운론은 언어의 소리 구조와 규칙을 연구하는 학문으로, 음성 합성 기술은 이러한 개념을 적용하여 인공지능이 자연스러운 발화를 생성하도록 돕는다. AI 보컬 기술은 음운론과 음성 합성 기술을 결합하여 보다 정확한 발음과 자연스러운 억양을 구현하는 방향으로 발전하고 있다. 음운론의 기본 개념과 음성 합성 기술의 원리를 설명하고, 이 두 분야가 AI 보컬 기술에서 어떻게 융합되는지를 분석한다. 이를 통해 AI가 언어의 소리 구조를 학습하고 이를 음성 생성에 적용하는 방식을 구체적으로 살펴본다.

AI와 1인 창업?

음운론의 기초

음운론(Phonology)은 언어의 소리 체계를 분석하는 언어학의 한 분야로, 특정 언어에서 사용되는 음운 구조와 그 규칙을 연구한다. 이는 음성학(Phonetics)과 구별되며, 단순한 소리 자체가 아니라 언어 내에서 소리들이 어떠한 체계를 이루며 변형되는지를 설명하는 데 중점을 둔다. 이러한 연구는 AI 음성 합성 및 보컬 기술 개발에서도 필수적인 역할을 한다.

음소(Phoneme)는 언어에서 의미를 구별하는 최소 단위의 소리로, 동일한 언어 내에서도 환경에 따라 소리가 다르게 실현될 수 있다. 예를 들어, 한국어에서 /ㄱ/과 /ㄲ/은 다른 음소로 구별되며, 같은 음소라도 발음 환경에 따라 변이음(allophone)으로 실현될 수 있다. 예를 들어, /ㄷ/은 단어의 처음에서는 [t]로 발음되지만, 모음 사이에서는 [d]로 발음될 수 있다.

음운론에서는 특정한 맥락에서 음소가 변화하는 규칙을 분석하며, 이러한 변화는 언어의 고유한 특징을 반영한다. 대표적인 음운 현상으로는 연음 현상(Liaison), 비음화(Nasalization), 음운 중화(Neutralization) 등이 있다. 한국어에서는 연음 현상이 발생해 "꽃이"가 [꼬치]로 발음되며, 비음화로 인해 "먹는"이 [멍는]으로 실현된다.

또한 음운 중화로 인해 어말에서 /ㄱ, ㄷ, ㅂ/이 각각 [k̚], [t̚], [p̚]로 발음되는 경향이 있다.

운율적 요소(prosodic features) 또한 자연스러운 발화에서 중요한 요소로 작용한다. 강세(stress), 리듬(rhythm), 억양(intonation) 같은 요소는 의미 전달에 중요한 역할을 하며, AI 음성 합성에서도 이를 효과적으로 모델링하는 것이 필수적이다. 예를 들어, 영어에서는 강세가 단어의 의미를 구별하는 역할을 하며, 억양은 문장의 유형과 감정을 표현하는 데 사용된다. 리듬은 발화의 자연스러움을 결정짓는 요소로, 음절 간의 간격과 발화 속도를 조절하는 역할을 한다.

음성 체계의 구성 요소 중 모음과 자음의 특성은 조음 방식에 따라 분류된다. 모음 체계(Vowel System)에서는 혀의 위치와 높이, 입술의 모양 등이 고려되며, 전설/후설(Front/Back), 고모음/저모음(High/Low), 원순/비원순(Rounded/Unrounded) 등의 기준으로 나뉜다. 예를 들어, 한국어의 [i]와 [e]는 전설 모음이며, [o]와 [u]는 후설 모음이다. 자음 체계(Consonant System)에서는 조음 방식(Manner of Articulation), 조음 위치(Place of Articulation) 그리고 유성/무성(Voicing) 여부에 따라 자음이 분류된다. 예를 들어, 파열음(stop), 마찰음

(fricative), 비음(nasal) 등의 조음 방식이 있으며, 연구개음(velar), 치경음(alveolar), 양순음(bilabial) 등의 조음 위치가 존재한다.

음운론적 개념은 AI 음성 합성 및 보컬 기술에서 자연스러운 발화를 구현하는 데 필수적이다. 음소와 변이음, 음운 규칙, 운율적 요소 등을 체계적으로 반영하면 더욱 자연스럽고 인간적인 음성 합성이 가능해진다. 향후 연구에서는 이러한 음운론적 지식을 기반으로 AI 보컬 기술을 더욱 정교하게 개발하는 것이 중요한 과제가 될 것이다.

음성 합성 기술의 발전

음성 합성 기술은 규칙 기반 방식에서 딥 러닝 기반 모델로 발전하면서 크게 네 단계로 구분되는 기술적 발전 과정을 거쳐 왔다.

첫 번째 단계는 포먼트 합성(Formant Synthesis) 방식이다. 이 기술은 음성의 공명 주파수인 포먼트를 기반으로 특정 규칙을 적용해 인공 음성을 생성한다. 대표적으로 Klatt 합성기가 널리 사용되었다. Klatt 합성기는 명료한 음성을 생성할 수 있었지만, 음성의 자연스러움이 떨어져 기계적이라는 평가를 받았다.

두 번째 단계는 파형 접합 합성(Concatenative Synthesis)이다. 이 방식은 실제 사람이 녹음한 음성을 작은 단위로 나누어 저장하고, 이 단위를 조합해 음성을 생성한다. 특히 단위 선택 합성(Unit Selection Synthesis) 기법은 대규모 음성 데이터베이스를 활용해 높은 수준의 자연스러움을 제공했지만, 데이터베이스 구축에 많은 비용과 시간이 필요하며, 특정 발화 조합에서는 부자연스러운 음성이 생성될 수 있다는 단점이 있다.

세 번째 단계는 통계적 파라미터 기반 합성(Statistical Parametric Synthesis, SPS)으로, 음성 특성을 통계 모델을 사용해 표현하고 합성하는 방법이다. 대표적인 예로 HMM(Hidden Markov Model) 기반 음성 합성이 있다. HMM 방식은 발화의 유연성을 높이고 다양한 스타일의 음성 합성을 가능하게 했으나, 합성된 음성이 여전히 다소 부자연스럽고 기계적인 느낌이 남아 있다는 한계점이 있었다.

네 번째 단계는 최근에 가장 주목받고 있는 딥 러닝 기반 음성 합성(Deep Learning-based Synthesis)이다. 이 단계에서는 신경망을 활용해 음성의 자연스러움과 품질을 크게 향상시켰다. 대표적인 모델로는 Tacotron,

WaveNet, VITS(Variational Inference Text-to-Speech)가 있다. Tacotron은 텍스트를 입력받아 직접 음성을 합성하는 종단 간(end-to-end) 방식으로, 자연스러운 억양과 리듬 표현이 가능하다. WaveNet은 음성 파형 자체를 직접 생성하는 방식으로, 이전의 기술보다 세밀하고 정확한 음향 표현을 구현할 수 있다. VITS는 딥 러닝 기반의 최신 모델로, 음성 품질 향상과 동시에 처리 속도의 개선도 이루어지고 있다.

향후 음성 합성 기술은 더욱 세부적인 감정 표현 능력을 갖추고, 실시간 합성 속도를 더욱 높이는 방향으로 발전할 것으로 예상된다. 이로 인해 인간과 더욱 자연스럽게 상호작용할 수 있는 대화형 AI 서비스가 보편화될 가능성이 크며, 음성 합성 기술은 다양한 산업 분야에서 더욱 폭넓게 활용될 것으로 기대된다.

AI 보컬 기술에서의 음운론 적용

AI 보컬 기술은 자연스러운 음성 합성을 목표로 음운론적 지식을 적극적으로 활용하고 있다. 특히, 음운론적 특징을 반영하면 AI가 생성하는 음성의 발음 정확성과 자연스러움이 크게 향상될 수 있다. 한국어의 음운 현상은 연음(예: '꽃이'→[꼬치]), 경음화(예: '먹고'→[먹꼬]),

비음화(예: '국물'→[궁물]) 등으로 대표되며, 이러한 현상들은 AI 보컬 합성 과정에서 반드시 고려되어야 한다. 그렇지 않을 경우 음성의 부자연스러움이 증가할 수 있다.

음운론적 접근법 중 대표적인 방법은 음소 단위의 세부 조정을 통한 발음 정확도 개선이다. AI 음성 합성 모델은 텍스트를 음성으로 전환할 때 각 언어의 음운적 규칙을 명확하게 학습하고 반영해야 한다. 특히, 자음 동화 같은 음운 변동은 한국어에서 빈번히 나타나며, 이를 AI 모델이 정확히 학습하면 실제 인간의 발음에 매우 가까운 음성을 생성할 수 있다. 예를 들어, 특정 환경에서 자음이 다음 음소의 영향을 받아 변하는 현상을 AI 모델이 학습하면 자연스러운 발음 구현이 가능해진다.

운율적 요소는 음성의 자연스러움과 감정 표현을 결정하는 핵심 요소로, 강세, 억양, 리듬 등이 포함된다. AI 보컬 시스템은 이러한 운율 정보를 분석하고 활용해 음성 합성의 표현력을 높일 수 있다. 문장의 의미와 감정은 주로 억양과 강세의 미세한 차이에 따라 달라지기 때문에, AI 모델이 운율 패턴을 정확히 파악해 이를 음성 합성 과정에 반영해야 한다. 현재 연구에서는 문맥에 따라 달라지는 운율 변화를 AI 모델이 효과적으로 반영하는 방법들이 개발되고 있다.

AI 보컬 기술의 품질은 활용되는 데이터세트의 품질과 밀접한 관련이 있다. 음성 합성 모델이 음운적 특성을 정확하게 반영하려면 데이터세트 구성 시 음운 변동 현상이 충분히 포함되어 있어야 한다. 예를 들어, 한국어 AI 보컬 시스템 개발 시 한국어 음운론적 현상들을 명확히 반영한 음성 데이터세트를 활용하면 자연스러움과 발음 정확도가 크게 향상된다. 따라서 다양한 음운 환경을 포함한 고품질 음성 데이터세트 구축이 중요하다.

또한 음운론적 지식을 AI가 직접 학습하는 방식도 최근 활발히 연구되고 있다. 기존의 규칙 기반 모델과 달리, 현대의 딥 러닝 모델은 방대한 양의 음성 데이터를 학습해 음운 규칙을 자동으로 습득할 수 있는 능력을 갖추고 있다. 이러한 방식은 명시적인 규칙을 일일이 지정하는 방식보다 훨씬 유연하며, 다양한 언어 환경에서도 효과적으로 적용될 수 있다. 특히 음운론적 특징을 자동으로 학습하는 모델은 다국어 음성 합성 기술의 발전에 큰 기여를 하고 있다.

음운론을 활용한 AI 보컬 기술은 다국어 시스템 개발에서도 중요한 역할을 한다. 다양한 언어 환경에서 음운론적 특성들을 효과적으로 반영할 수 있는 AI 모델을 개발하면, 하나의 모델이 여러 언어를 유연하게 지원할 수 있게 된다. 이를 통해 전 세계적으로 다양한 언어 사용자들이 자연스러운 음성 서비스를 제공받을 수 있게 된다.

향후 AI 보컬 기술 발전 방향은 음운론적 접근을 더욱 정교하게 통합하는 것이다. AI 보컬 시스템이 음소 수준의 미세한 발음 조정은 물론, 운율과 감정 표현까지 정확하게 제어할 수 있도록 발전할 것으로 기대된다. 이러한 기술 발전은 음성 인식 및 음성 합성 기술의 융합을 촉진해, 더욱 자연스럽고 인간적인 AI 보컬 서비스를 제공할 가능성을 높인다. 앞으로 연구자들은 음운론적 지식과 AI 기술의 융합을 더욱 강화해 현실적이고 자연스러운 음성을 구현하는 데 초점을 맞출 것이다.

참고문헌

권철홍(2021). 딥 러닝 기반 한국어 실시간 TTS 기술 비교. ≪문화기술의 융합≫, 7(1), 640-645쪽.

김아름(2022). 한국어 자동 음성 인식의 오류 유형에 대한 음운론적 연구. 박사학위논문, 서울대학교.

양희식 외(2002). 한국어 음성 합성기 성능평가에 의한 합성 음질개선. ≪대한음성학회 학술대회논문집≫, 37-40쪽.

조수희(2019). 딥 러닝 기반 보코더의 음성 합성에 대한 음성학적 관찰. 석사학위논문, 고려대학교.

최연주 외(2018). 한국어 text-to-speech(TTS) 시스템을 위한

엔드투엔드 합성 방식 연구. ≪말소리와 음성과학≫, 39-48쪽.
A-Hyeon, Jo & Keun-Chang, Kwak(2023). Speech Emotion Recognition Based on Two-Stream Deep Learning Model Using Korean Audio Information. *Applied Sciences*, 13(4), p.2167.
Hyeong-Seok, Choi et al.(2022). NANSY++: Unified Voice Synthesis with Neural Analysis and Synthesis. arXiv, arXiv:2211.09407.
Malhotra, Ruchika & Singh, Priya(2023.4). Recent advances in deep learning models: a systematic literature review. Springer Nature.
Ni, Naihan et al.(2018.9). Neural Speech Synthesis with Transformer Network. *PapersWithCode*.
Tan, Xu et al.(2021). A Survey on Neural Speech Synthesis. arXiv. arXiv:2106.15561.

02
AI 보컬 기술 발전사

AI 보컬 기술은 초기의 규칙 기반 합성에서 신경망 기반 음성 합성 기술로 발전해 왔다. 초기에는 포먼트 합성과 파형 접합 방식이 사용되었으며, 이후 HMM 기반 통계적 모델이 도입되면서 음성 합성의 품질이 개선되었다. 최근에는 딥 러닝과 신경망 기술을 활용한 모델이 개발되면서 더욱 자연스럽고 표현력이 풍부한 음성을 생성할 수 있게 되었다. AI 보컬 기술의 발전 과정과 주요 기술 사례를 분석해 그 변천 과정을 설명한다.

AI와 MBTI?

초기 AI 보컬 기술

AI 보컬 기술은 음운론적 개념을 적용해 자연스러운 음성을 생성하는 방향으로 발전하고 있다. 음운론은 언어의 소리 체계를 연구하는 학문으로, 이를 AI 음성 합성 모델에 적용하면 발음의 명확성과 자연스러움을 향상시킬 수 있다. 최근 딥 러닝 기반 음성 합성 기술이 발전하면서, 음운론적 원리를 반영하는 방식도 더욱 정교해지고 있다.

AI 보컬 기술에서 음운론이 적용되는 방식 중 하나는 음소 단위 조정을 통한 발음 정확도 개선이다. 자연어 처리 모델이 텍스트를 음성으로 변환하는 과정에서 특정 언어의 음운 규칙을 반영하면 보다 자연스러운 발음을 생성할 수 있다. 예를 들어, 한국어에서는 음운 동화 현상이 자주 발생하는데, 이러한 규칙을 AI 모델이 학습하면 실제 발화와 유사한 음성을 구현할 수 있다. 특히, 연음과 비음화를 고려한 음성 합성 모델은 문맥에 따른 자연스러운 발음을 생성하는 데 효과적이다.

운율적 요소를 조정해 감정 표현을 강화하는 방식도 AI 보컬 기술에서 중요한 연구 분야이다. 인간의 발화에서 강세, 억양, 리듬은 의미 전달에 중요한 역할을 하므로, 이를 반영하면 감정 표현이 더욱 자연스러워진다.

예를 들어, 문장의 강세 패턴을 분석하고 이를 AI 보컬 시스템에 적용하면 보다 자연스러운 발화를 구현할 수 있으며, 감정에 따른 억양 패턴을 반영하면 AI 보컬이 감정을 효과적으로 표현할 수 있다.

음운론적 지식을 활용해 딥 러닝 기반 음성 합성 모델을 개선하는 과정에서는 데이터세트 품질도 중요한 요소로 작용한다. 특정 음운 현상이 반영된 데이터를 수집하고 이를 학습 데이터로 활용하면 음성 합성 모델의 정확성과 자연스러움이 향상될 수 있다. 예를 들어, 한국어 음성 합성 모델을 개발할 때 한국어의 음운적 특성이 포함된 데이터세트를 활용하면 보다 현실적인 발화를 구현할 수 있다. 또한 다양한 음운 변화를 포함하는 데이터세트를 구축하면 모델이 실제 발음 변화를 학습하는 데 도움이 된다.

신경망 모델이 음운론적 지식을 학습하도록 설계하는 연구도 진행되고 있다. 기존의 규칙 기반 접근 방식과 달리 딥 러닝 모델은 음성 빅데이터를 학습해 음운론적 규칙을 자동으로 습득할 수 있다. 이러한 방식은 명시적인 규칙을 적용하는 방식보다 유연하며, 다양한 언어적 변화를 효과적으로 반영할 수 있다. 특히, 음운론적 특징을 반영한 AI 보컬 모델은 다국어 음성 합성 기술 발전에도 중요한 역할을 한다.

AI 보컬 기술에서 음운론의 적용은 음성의 자연스러움과 표현력을 향상시키는 데 중요한 역할을 한다. 음운론적 개념을 반영한 학습을 통해 AI 보컬 시스템은 보다 명확한 발음을 생성할 수 있으며, 감정 표현과 운율 조정을 통해 더욱 인간과 유사한 음성을 구현할 수 있다. 앞으로의 연구는 음운론과 AI 기술을 결합해 더욱 정밀한 음성 합성 모델을 개발하는 방향으로 진행될 것이다.

딥 러닝과 신경망 기술의 도입

음성 합성 기술은 딥 러닝의 도입으로 획기적인 발전을 이루었다. 전통적인 음성 합성 방식이 가진 한계를 극복하기 위해 개발된 신경망 기반 모델들은 음성의 자연스러움과 처리 효율성 측면에서 큰 진보를 가져왔다.

2017년 구글이 개발한 Tacotron2는 AI 보컬 기술의 획기적인 전환점이 되었다. 이 모델은 텍스트를 입력받아 소리의 특성을 나타내는 '멜 스펙트로그램'으로 변환한 후, WaveNet이라는 보코더를 통해 최종 음성을 합성한다. Tacotron2는 기존의 통계적 방식인 HMM 기반 시스템과 비교해 음성의 자연스러움이 크게 향상되었으며, 음질 평가 지표인 MOS 테스트에서 4.2점(5점 만점)

을 기록해 인간 음성(4.6점)에 상당히 근접한 결과를 보였다.

Tacotron2의 주요 기술적 특징은 시퀀스-투-시퀀스 아키텍처와 어텐션 메커니즘의 활용이다. 이 구조는 텍스트의 언어적 특성을 음향학적 특성으로 효과적으로 변환할 수 있게 해주며, 특히 문맥에 적합한 운율과 억양 표현에 강점을 보인다. 그러나 Tacotron2는 실시간 처리에 적합하지 않은 느린 합성 속도와 긴 문장에서의 안정성 저하라는 한계를 보였다.

이러한 한계를 극복하기 위해 등장한 VITS는 변분 추론(Variational Inference)과 적대적 학습을 결합한 혁신적인 접근법을 도입했다. VITS는 텍스트에서 직접 파형을 생성하는 종단 간(end-to-end) 모델로, 처리 단계를 축소해 합성 속도를 크게 향상시켰다. KAIST와 NVIDIA의 벤치마크 테스트에 따르면, VITS는 Tacotron2보다 20배 이상 빠른 처리 속도를 보여 주었다.

VITS의 핵심 기술은 조건부 변분 오토인코더(conditional VAE)와 GAN(Generative Adversarial Networks)의 결합이다. VAE 구조는 텍스트 정보를 잠재 공간으로 매핑해 다양한 발화 스타일을 생성할 수 있게 하고, GAN 구조는 생성된 음성의 자연스러움을 극대화한다. 특히 VITS는 운율 조절이 가능해 기쁨, 슬픔, 분노 등 다양한 감정을 표현할 수 있다는 장점이 있다.

딥 러닝 기반 음성 합성 기술의 발전 과정은 모델 아키텍처의 진화를 통해 살펴볼 수 있다. 초기에는 단순한 신경망 구조가 사용되었으나, 이후 트랜스포머 기반 모델이 도입되어 장문 처리 능력이 향상되었다. FastSpeech 같은 비자기회귀(non-autoregressive) 모델은 병렬 처리 방식을 통해 합성 속도를 크게 개선했다.

최근에는 DiffWave 같은 확산 모델(diffusion model)이 주목받고 있다. 이 모델은 점진적인 노이즈 제거 과정을 통해 고품질 음성을 생성하며, 특히 세밀한 음향 특성 재현에 강점을 보인다. 스탠포드 대학의 연구에 따르면, DiffWave는 음성의 자연스러움과 명료성 측면에서 기존 모델들을 능가하는 성능을 보여 주었다.

음성 합성 기술은 멀티모달 접근법으로도 확장되고 있다. VocaTalk 같은 시스템은 텍스트뿐만 아니라 얼굴 표정과 제스처 데이터를 함께 분석해 더욱 자연스러운 감정 표현이 가능한 음성을 생성한다. 이러한 멀티모달 접근법은 AI 보컬 기술을 단순한 음성 합성을 넘어 포괄적인 인간-컴퓨터 상호작용 기술로 발전시키고 있다.

딥 러닝 기반 음성 합성 기술의 상업적 응용도 활발히 이루어지고 있다. 네이버의 CLOVA Voice, 카카오의 싱크(Sync) 같은 시스템은 VITS 기술을 기반으로 가상 캐릭터 음성, 오디오북, 내비게이션 등 다양한 분야에서 활용되고 있다. 특히 AI 보컬 기술은 음악 산업에서 새로운 가능성을 열어주고 있으며, 여러 음악 제작 스튜디오에서 데모 트랙 제작 및 보컬 보정 도구로 활용되고 있다.

향후 AI 음성 합성 기술의 연구 방향은 크게 세 가지로 나눌 수 있다. 첫째, 더욱 세밀한 감정 표현이 가능한 모델 개발, 둘째, 모바일 기기에서도 작동 가능한 초경량 모델 구축, 셋째, 실시간 음성 변환 및 합성 기술의 고도화다. 이러한 발전은 AI 보컬 기술이 더욱 실용적이고 다양한 분야에서 활용될 수 있는 기반을 마련할 것이다.

딥 러닝 기반 음성 합성 기술은 Tacotron2에서 VITS로 이어지는 발전을 통해 음질과 효율성 측면에서 비약적인 진보를 이루었다. 앞으로도 이 분야는 계속해서 혁신을 거듭하며, 더욱 자연스럽고 표현력이 풍부한 AI 보컬 시스템 개발에 기여할 것이다.

AI 보컬 기술의 주요 발전 단계

AI 보컬 기술은 여러 발전 단계를 거치며 현대적인 신경망 기반 음성 합성 기술로 성장해 왔다. 초기에는 규칙 기반 시스템과 포먼트 합성 방식을 사용했으며, 이후 통계적 파라미터 기반 합성을 거쳐 현재의 딥 러닝 기반 모델이 등장하게 되었다.

첫 번째 발전 단계는 규칙 기반 합성(Rule-Based Synthesis)으로, 음성의 주파수 성분을 분석하고, 정해진 규칙을 적용해 음성을 생성하는 방식이다. 이 방법은 명확한 발음을 구현할 수 있으나, 자연스러운 억양과 감정 표현이 어렵다는 한계를 가졌다. 대표적인 사례로 Klatt 합성기가 있으며, 특정한 음운 규칙을 활용해 합성된 음성을 생성했다.

두 번째 단계는 파형 접합 합성(Concatenative Synthesis) 방식으로, 실제 음성을 녹음한 후 이를 단위별로 나누어 합성하는 기술이다. 이 방식은 포먼트 합성보다 더 자연스러운 음성을 제공할 수 있었지만, 대규모 데이터베이스가 필요하고 특정 문장 조합에서 부자연스러운 발음이 발생할 수 있었다. AT&T의 Natural Voices 같은 시스템에서 이러한 기술이 사용되었다.

세 번째 단계는 통계적 파라미터 기반 합성(Statistical Parametric Synthesis, SPS)으로, HMM(Hidden Markov Model) 같은 확률 모델을 활용해 음성을 합성하는 방식

이다. 이 접근법은 문장별로 다양한 억양을 적용할 수 있어 유연성이 높았지만, 합성된 음성이 부자연스럽거나 기계적인 느낌이 들 수 있었다.

네 번째 단계는 딥 러닝 기반 합성(Deep Learning-Based Synthesis)으로, 현재 가장 널리 사용되는 방식이다. 신경망 기술을 활용해 학습된 모델이 텍스트 입력을 음성으로 변환하는 과정을 수행하며, 대표적인 모델로는 Tacotron2, FastSpeech, WaveNet, VITS 등이 있다. Tacotron2는 텍스트에서 음향 스펙트로그램을 직접 예측하며, WaveNet을 통해 보다 자연스러운 음성을 생성할 수 있도록 설계되었다. 이후 VITS 모델이 등장하면서 합성 속도와 음질이 크게 향상되었으며, 실시간 음성 합성이 가능해졌다.

AI 보컬 기술은 정교한 감정 표현과 자연스러운 음성 합성을 목표로 지속적으로 연구되고 있다. 향후 연구에서는 신경망 모델의 연산 속도를 향상시키고, 더욱 다양한 음성 스타일과 감정을 반영하는 기술이 추가될 것으로 예상된다. AI 보컬 기술은 단순한 음성 합성을 넘어 인간과의 자연스러운 상호작용을 가능하게 하는 방향으로 발전하고 있다.

참고문헌

권철홍(2021). 딥 러닝 기반 한국어 실시간 TTS 기술 비교. ≪문화기술의 융합≫, 7(1), 640-645쪽.

박대나(2015). 현대국어의 음운론적 변이 연구. 박사학위논문, 고려대학교.

신지영(2014). 『한국어의 말소리』. 지식과 교양.

양희식 외(2002). 한국어 음성 합성기 성능평가에 의한 합성 음질개선. ≪대한음성학회 학술대회논문집≫, 37-40쪽.

조수희(2019). 딥 러닝 기반 보코더의 음성 합성에 대한 음성학적 관찰. 석사학위논문, 고려대학교.

최연주 외(2018). 한국어 text-to-speech(TTS) 시스템을 위한 엔드투엔드 합성 방식 연구. ≪말소리와 음성과학≫, 39-48쪽.

Hyeong-Seok, Choi et al.(2022). NANSY++: Unified Voice Synthesis with Neural Analysis and Synthesis. arXiv, arXiv:2211.09407.

Klatt, Dennis H.(1987). Review of Text-to-Speech Conversion for English. *The Journal of the Acoustical Society of America*, 82(3), pp.737-793.

McCullum, Nick(2020.6.28). Deep Learning Neural Networks Explained in Plain English. freeCodeCamp.org.

Ni, Naihan et al.(2018.9). Neural Speech Synthesis with Transformer Network. *Papers With Code.*

Tan, Xu et al.(2021). A Survey on Neural Speech Synthesis. arXiv. arXiv:2106.15561.

Yamamoto, Ryuichi et al.(2022). NNSVS: A Neural Network-Based Singing Voice Synthesis Toolkit. *Papers with Code.*

03
음운론적 특징과 발음 개선

AI 보컬 기술에서는 자연스러운 발음을 구현하기 위해 음운론적 접근 방식이 중요하게 활용된다. 특히 강세와 억양의 조절은 음성 합성 모델이 인간과 유사한 발음을 생성하는 데 핵심적인 역할을 한다. 또한 음운 변이 현상을 분석해 발음 정밀도를 높이고, 합성 음성의 자연스러움을 개선하는 방법을 연구한다. 이러한 음운론적 개념이 AI 보컬 기술에 적용되는 방식을 구체적으로 다룬다.

AI와 난임 극복?

강세와 억양의 중요성

AI 보컬 음성 합성에서 강세와 억양은 발음의 자연스러움을 결정하는 핵심 요소다. 강세는 특정 음절이나 단어를 강조하는 방식이며, 억양은 문장 단위에서 음높이 변화를 의미한다. 이러한 요소들은 인간의 발화를 재현하는 데 필수적이며, AI 보컬 기술에서도 정밀하게 적용될 필요가 있다.

강세는 언어별 차이가 있으며, 한국어는 문맥에 따라 상대적으로 강세가 덜 강조되는 반면, 영어에서는 문장의 의미를 결정하는 중요한 요소로 작용한다. 따라서 AI 음성 합성 기술은 각 언어의 강세 패턴을 정확히 반영해야 한다. 기존 합성 방식에서는 강세를 일정한 패턴으로 조절하는 데 한계가 있었으나, 최근 신경망 모델을 활용한 접근법은 강세의 변화를 학습하고 조절할 수 있도록 발전하고 있다.

억양 역시 AI 음성 합성에서 중요한 역할을 한다. 억양은 문장의 유형(평서문, 의문문, 명령문 등)에 따라 달라지며, 감정이나 의도를 전달하는 데 기여한다. 인간의 자연스러운 발화에서는 억양이 미묘하게 변하며, 이를 정확하게 재현하는 것이 AI 음성 합성 기술의 주요 과제다. 기존의 규칙 기반 억양 조절 방식은 자연스러움이 부족했으나, Tacotron2와 VITS 같은 딥 러닝 기반 모델들은 데이터 학습을 통해 보다 자연스러운 억양 패턴을 구현할 수 있게 되었다.

강세와 억양을 효과적으로 조절하기 위해 AI 보컬 시스템에서는 다양한 신경망 구조와 학습 기법이 사용된다. 예를 들어, Variational Autoencoder(VAE)를 활용하면 음성 데이터의 다양한 강세 패턴을 모델이 학습할 수 있으며, 이를 적용해 더욱 자연스러운 음성을 합성할 수 있다. 또한 억양 예측 모델을 강화해 감정 표현이 풍부한 음성을 생성하는 연구도 진행되고 있다.

최근 연구에서는 GAN을 활용한 음성 합성 모델이 강세와 억양을 보다 정밀하게 조절하는 데 효과적이라는 결과가 나타났다. GAN 기반 음성 합성 모델은 기존의 파라미터 기반 합성 방식보다 자연스러움을 크게 향상시키며, 실제 인간의 발화와 유사한 억양 패턴을 구현할 수 있다. 이를 통해 AI 보컬 기술은 보다 감성적인 발화를 생성하는 방향으로 발전하고 있다.

강세와 억양은 AI 보컬 음성의 품질을 결정하는 중요한 요소이며, 이를 효과적으로 구현하는 것이 AI 음성 합성 기술의 핵심 목표 중 하나다. 향후 연구에서는 신경망 모델의 학습 데이터 다양성을 확대하고, 강세 및 억양 조절 능력을 더욱 정교하게 개선하는 방향으로 발전할 것으로 예상된다.

발음 정밀도 개선 방안

AI 보컬 음성 합성의 발음 정밀도를 향상시키기 위해 다양한 음운론적 기법이 연구되고 있다. 음운론은 인간의 발음을 분석하고 이를 모델링해 AI 보컬 시스템이 보다 자연스럽고 정확한 음성을 생성하는 데 기여한다. AI 보컬의 발음 정밀도를 높이는 핵심 기법으로는 음소 단위 분석, 조음 특성 반영, 음운 변이 처리 등이 있다.

음소 단위 분석과 발음 정밀도 개선

AI 보컬 합성에서 음소 단위 분석은 발음의 정확성을 높이는 중요한 요소다. 자연스러운 발음을 구현하려면 음소 간 연결(coarticulation)과 연속 발화 속에서의 변화가 정확히 반영되어야 한다. 기존 음성 합성 모델들은 텍스트를 음성으로 변환하는 과정에서 이러한 변화를 충분히 반영하지 못하는 경우가 많아 발음의 부자연스러움이 발생할 수 있었다. 이를 해결하기 위해 최신 AI 모델들은 신경망 기반 음소 예측 시스템을 도입해 보다 정교한 발음을 구현하고 있다.

조음 특성 반영과 음운론적 기법 활용

조음 특성(articulatory features)을 반영하는 것은 AI 보컬 기술에서 필수적인 요소다. 인간의 발성 기관(입술, 혀, 성대 등)의 움직임을 고려해 음소를 보다 정확하게 합성하는 방식이 연구되고 있다. 예를 들어, 성문음(glottal sounds)과 유성음(voiced sounds)의 차이를 명확히 구분하는 알고리즘이 개발되었으며, 이를 통해 음성의 자연스러움을 높일 수 있다. 또한 이러한 연구는 음성 데이터가 부족한 환경에서도 합성 음질을 향상하는 데 기여하고 있다.

음운 변이 처리와 발음 정밀도 향상

자연스러운 발음을 구현하기 위해서는 언어 내에서 발생하는 다양한 음운 변이(phonological variation)를 정확히 반영하는 것이 중요하다. 예를 들어, 한국어에서는 연음 현상(liaison)이나 경음화(fortisification) 같은 음운 변이가 자주 발생하며, 이를 고려하지 않으면 AI 보컬이 부자연스러운 발음을 생성할 수 있다. 최신 AI 음성 합성 모델들은 이러한 음운 변이를 학습 데이터에 포함시키거나, 변이 패턴을 분석해 자동으로 적용하는 방식을 도입하고 있다.

최신 AI 모델을 활용한 발음 정밀도 개선

Tacotron2, VITS 등의 최신 음성 합성 모델들은 발음 정밀도를 향상시키기 위한 다양한 기법을 적용하고 있다. 특히, 트랜스포머 기반의 Tacotron2는 텍스트와 음소 간의 연관성을 보다 정밀하게 분석해 자연스러운 발음을 생성할 수 있도록 설계되었다. 또한 VITS 모델은 GAN과 변분 추론을 활용해 음성 품질과 발음 명확도를 동시에 향상시키는 데 성공했다.

AI 보컬의 발음 정밀도를 개선하기 위해서는 음소 단위 분석, 조음 특성 반영, 음운 변이 처리가 필수적이다. 최신 AI 기술이 발전함에 따라 이러한 요소들이 더욱 정교하게 모델링되고 있으며, 향후 연구는 다양한 언어 및 발음 환경을 반영하는 방향으로 진행될 것이다. 이를 통해 AI 보컬 기술은 보다 자연스러운 음성을 제공할 수 있는 수준으로 발전할 것으로 기대된다.

음운 변이와 합성 음성의 자연스러움

AI 보컬 음성 합성 기술에서 음운 변이는 자연스러운 발음을 구현하는 데 중요한 역할을 한다. 음운 변이는 특정한 환경에서 음소가 변화하는 현상을 의미하며, 인간의 자연스러운 발화에서도 빈번하게 나타난다. 이러한 변화를 정확히 모델링하고 반영하는 것이 AI 보컬의 자연스러움을 높이는 핵심 요소다.

음운 변이의 유형과 AI 음성 합성 적용 음운 변이는 대치(substitution), 탈락(deletion), 축약(contraction), 첨가(insertion) 등 다양한 형태로 나타난다. 한국어의 경우, 자음 동화나 모음 조화 같은 음운 변이가 중요한 역할을 하며, 이를 고려하지 않으면 AI 음성이 부자연스럽게 들릴 수 있다. 예를 들어, "학교에"라는 문장에서 연음 현상이 발생해 "학꾜에"처럼 발음되는 경우를 AI 모델이 정확히 반영해야 한다

AI 음성 합성 모델에서는 이러한 음운 변이를 정밀하게 학습하고 적용하기 위해 대량의 발화 데이터를 활용하며, 최근에는 신경망 모델이 문맥 정보를 기반으로 음운 변이를 예측하는 방식이 도입되고 있다. 특히 트랜스포머 기반 모델과 VITS 같은 비자기회귀(non-autoregressive) 방식이 이러한 변이를 더 정확하게 반영하는 데 기여하고 있다.

음운 변이가 자연스러운 발음에 미치는 영향 음운 변이는 인간의 발화에서 자연스럽게 발생하는 현상이므로, 이를 적절히 반영하지 못하면 AI 보컬의 음성이 기계적으로 들릴 가능성이 높다. 예를 들어, 영어에서는 연

속되는 단어 사이에서 연음 현상이 발생하는데, "want to"가 "wanna"로 축약되는 경우를 고려하지 않으면 AI 보컬의 음성이 부자연스럽게 들릴 수 있다.

또한 강세 패턴과 운율(prosody) 변화도 음운 변이와 연관이 깊다. 자연스러운 음성을 합성하려면 개별 음소의 정확성뿐만 아니라 문맥에 따른 강세와 억양 변화를 적절히 적용하는 것이 필요하다. 최신 AI 보컬 모델들은 음성 데이터 내에서 강세와 억양 패턴을 학습해 보다 자연스러운 음성을 생성할 수 있도록 발전하고 있다.

최신 AI 모델의 음운 변이 처리 방식 최근 AI 보컬 연구에서는 음운 변이를 자동으로 학습하고 반영하는 다양한 기술이 도입되고 있다. 대표적으로 Tacotron2, VITS, FastSpeech 등의 모델이 있으며, 이들은 음운 변이 패턴을 데이터 기반으로 학습해 보다 자연스러운 음성을 생성한다. 특히, VITS는 GAN과 변분 추론을 활용해 발음의 자연스러움을 크게 향상시켰다.

이러한 모델들은 특정 언어의 음운 변이 패턴을 데이터로부터 학습하며, 이를 통해 다양한 언어 환경에서도 유연하게 적용될 수 있다. 또한 음운 변이를 반영한 발음 사전(Pronunciation Dictionary) 같은 보조 기법을 활용해 보다 정교한 음성 합성이 가능해지고 있다.

음운 변이는 AI 보컬의 자연스러움을 높이는 데 필수적인 요소이며, 이를 효과적으로 반영하는 것이 고품질 음성 합성을 위한 중요한 과제다. 최신 AI 기술을 활용하면 문맥 기반의 음운 변이를 자동으로 학습하고 반영할 수 있으며, 이를 통해 더욱 자연스럽고 인간적인 AI 보컬 음성이 구현될 것으로 기대된다.

참고문헌

김아름(2022). 한국어 자동 음성 인식의 오류 유형에 대한 음운론적 연구. 박사학위논문, 서울대학교.

박진철(2021). 인공지능(AI)을 활용한 한국어 듣기 교육 자료 제작 연구 - 음성 합성기술(TTS) 활용을 중심으로 - . ≪이중언어학≫, 82, 61-84쪽.

양희식 외(2002). 한국어 음성 합성기 성능평가에 의한 합성 음질개선. ≪대한음성학회 학술대회논문집≫, 37-40쪽.

이동건. 2018. 발음 비교를 통한 발성 트레이닝 연구 - 한국어와 영어를 중심으로. 석사학위논문, 동국대학교.

조수희(2019). 딥 러닝 기반 보코더의 음성 합성에 대한 음성학적 관찰. 석사학위논문, 고려대학교.

A-Hyeon, Jo & Keun-Chang, Kwak(2023). Speech Emotion Recognition Based on Two-Stream Deep Learning Model Using Korean Audio Information. *Applied Sciences*, 13(4), p.2167.

freeCodeCamp.org(2023). Tacotron, WaveNet, VITS Models.

Joyner, Kassidy(2021). Singing and Pronunciation: A Review of the Literature. Master's thesis, University of Arkansas,

Fayetteville.
Tan, Xu et al.(2021). A Survey on Neural Speech Synthesis. arXiv. arXiv:2106.15561.

04
AI 보컬의 감성 표현

AI 보컬 기술이 인간과 유사한 감정을 표현하려면 감정별 음성 특성을 정교하게 반영해야 한다. 감정 표현은 음높이, 강세, 속도 등의 음성적 요소를 조합해 이루어지며, 이를 효과적으로 구현하기 위해 음향 모델링과 데이터 기반 학습이 필수적이다. 최신 딥 러닝 기반 음성 합성 기술은 감정 변조 기법을 활용해 보다 자연스럽고 감성적인 보컬 표현을 가능하게 한다. AI 보컬 기술의 감성 표현 방식과 한계를 분석하고, 개선 방안을 논의한다.

AI와 사주?

감정 표현과 음성 특성

AI 음성 합성 기술에서 감정 표현은 음성의 자연스러움을 결정하는 중요한 요소다. 인간의 감정 표현은 음높이(pitch), 강도(intensity), 발음 속도(tempo) 등 다양한 요소로 구성되며, 이러한 특징을 정확하게 반영하는 것이 AI 보컬 합성에서 필수적이다. 감정별 음성 특성은 차이가 있으며, 기쁨은 높은 음높이와 빠른 속도, 명료한 발음을 가지며, 슬픔은 낮은 음높이와 느린 속도, 약한 강세를 특징으로 한다. AI 보컬 시스템이 자연스러운 감정 표현을 구현하려면 이러한 음성적 패턴을 학습하고 적용해야 한다.

딥 러닝 기반 AI 음성 합성 모델은 감정 음성을 학습해 보다 자연스러운 감정 표현을 가능하게 한다. Tacotron2, FastSpeech, VITS 등의 모델은 감정 태그가 포함된 데이터세트를 활용해 문맥에 맞는 감정적 요소를 반영할 수 있도록 설계되었다. 최근에는 감정 변조(emotion modulation) 기법이 도입되어, 사용자의 입력이나 텍스트 분석을 기반으로 감정을 예측하고 음성 파라미터에 반영하는 방식이 연구되고 있다. GAN 기반 감정 모델은 실제 감정 표현과 유사한 음성을 생성하는 데 효과적이며, VAE 기술을 활용하면 보다 미묘한 감정 변화를 반영할 수 있다.

현재 AI 보컬 감정 표현 연구는 보다 정밀한 감정 차이를 구현하는 방향으로 발전하고 있다. 기존의 감정 분류(emotion classification) 모델은 '기쁨', '슬픔' 같은 대분류만을 인식하는 한계를 가지고 있었으나, 최신 연구에서는 감정의 강도를 조절하는 기법을 적용해 보다 세밀한 감정 표현을 가능하게 하고 있다. 감정 강도 조절이 가능한 PESS(Parameterized Emotional Speech Synthesis) 모델이 개발되었으며, 이를 통해 감정의 미세한 강약 조절이 가능해졌다. AI 보컬 기술에서 감정 표현은 자연스러운 음성 합성을 위한 필수 요소이며, 이를 효과적으로 구현하기 위해 다양한 음성 모델링 기법이 연구되고 있다. 향후 AI 보컬 시스템은 더욱 정교한 감정 표현과 세밀한 조절이 가능하도록 발전할 것으로 예상된다.

감정 변조 기법

AI 보컬 시스템에서 감정 표현은 단순한 음성 합성을 넘어 인간다운 소통을 가능하게 하는 핵심 요소다. 감정을 표현하기 위해서는 여러 음향학적 변수들을 정교하게 조절해야 한다.

음성의 감정을 결정짓는 주요 음향 변수로는 음높이(pitch), 강도(intensity), 속도(tempo), 포먼트(formant)

가 있다. 음성과학연구소의 분석에 따르면, 기쁨은 높은 음높이와 빠른 발화 속도로 특징지어지며, 슬픔은 낮은 음높이와 느린 발화 속도를 보인다. 분노는 높은 강도와 빠른 속도를 가지며, 두려움은 불규칙한 패턴과 떨림이 나타난다. 이러한 특성을 AI 알고리즘에 구현해 감정 표현이 가능한 AI 보컬을 만들 수 있다.

AI 보컬 시스템의 감정 변조는 두 단계로 이루어진다. 첫 번째 단계는 텍스트의 감정 분석이다. 자연어 처리(NLP) 기술을 활용해 문장의 의미와 맥락을 파악하고, 표현해야 할 적절한 감정을 결정한다. 최신 감정 인식 모델은 에크만(Ekman)의 감정 이론에 기반해 기쁨, 슬픔, 분노, 두려움, 놀람, 혐오라는 6가지 기본 감정과 이들의 복합적인 상태까지 텍스트에서 식별할 수 있다. 실제 연구 결과에 따르면, 이러한 모델들은 텍스트의 감정을 약 85%의 정확도로 식별할 수 있다.

둘째는 인식된 감정을 음향 특성으로 변환하는 단계다. 이 과정에서 신경망 모델은 감정에 적합한 음향 패턴을 생성한다. VITS 같은 최신 모델은 변분 추론 기법을 사용해 텍스트의 의미와 감정을 잠재 공간으로 매핑하고, 이를 자연스러운 음성 파형으로 변환한다.

감정 변조 기법으로는 세 가지 주요 방식이 활용된다.

첫째, 감정 태깅 방식은 각 감정별로 라벨링된 대규모 음성 데이터세트를 구축해 모델이 학습하도록 한다. 이 방식에서는 Tacotron2나 VITS 같은 시퀀스-투-시퀀스 모델에 감정 임베딩 벡터(emotion embedding vector)를 추가해 모델의 인코더 부분에서 텍스트 정보와 함께 감정 정보를 함께 처리한다. 기술적으로는 CrossEntropy Loss 함수에 감정 분류 손실(emotion classification loss)을 추가해 텍스트-음성 변환과 동시에 감정 표현을 학습하는 다중 작업 학습(multi-task learning) 방식을 적용한다. 디지털 음성 아카이브는 전문 성우들이 다양한 감정으로 녹음한 수만 문장의 데이터를 포함하고 있으며, 각 샘플은 감정 유형과 강도로 태깅되어 있다.

둘째, 스타일 전이 기법은 하나의 감정에서 다른 감정으로 자연스럽게 변환하는 방식이다. EmotionVC 시스템은 GAN과 VAE를 결합해 동일한 발화 내용을 유지하면서도 감정 상태만 변경할 수 있다. 이 기술은 특히 오디오북이나 대화형 AI에서 문맥에 따라 감정을 전환해야 할 때 유용하다.

셋째, 파라미터화된 감정 제어 기법은 사용자가 감정의 유형과 강도를 직접 조절할 수 있게 한다. 감정 제어판 인터페이스는 기쁨, 슬픔, 분노 등의 기본 감정을 연속적인 스펙트럼으로 표현해 사용자가 원하는 감정 상태를 세밀하게 설정할 수 있다.

최근 감정 표현 연구의 핵심은 프로소디(prosody) 모델링이다. 프로소디는 음성의 초분절적 특성으로, 억양, 리듬, 강세를 포함한다. ProsoEmoNet은 문장 구조와 의미에 따라 적절한 프로소디 패턴을 생성해 감정 표현의 자연스러움을 크게 향상시켰다. 특히 질문, 명령, 감탄 등 다양한 문장 유형에 따른 억양 변화를 정확히 모델링한다.

감정 변조 기술의 실제 응용 사례도 증가하고 있다. VoiceAI는 오디오북 서비스에 감정 인식 기술을 적용해 책의 내용에 따라 자동으로 적합한 감정을 선택한다. 감정이 풍부한 대화형 AI 비서는 사용자의 상태를 인식하고 공감적인 응답을 제공한다.

음악 분야에서는 AI 보컬의 감정 표현이 더욱 정교해지고 있다. 최신 AI 작곡 도구는 가사의 감정을 분석해 적합한 멜로디와 보컬 스타일을 자동으로 생성한다. 실험에서 음악 전문가들은 AI가 생성한 감정 표현이 풍부한 보컬을 인간 가수의 것과 구분하기 어렵다고 평가했다.

감정 표현 기술의 다음 목표는 미세한 감정의 뉘앙스

와 문화적 맥락의 반영이다. 인간의 감정 표현은 문화와 언어에 따라 다양한 특성을 보이며, 이러한 차이를 AI 시스템에 구현하는 연구가 진행 중이다.

AI 보컬의 감정 표현 기술은 음향 변수의 정밀한 조절과 고급 신경망 모델링을 통해 점점 더 자연스러워지고 있다. 이는 AI와 인간의 감성적 소통을 가능하게 하는 중요한 기술적 진보로, 다양한 응용 분야에서 활용될 전망이다.

감성 표현의 한계와 해결 방안

AI 보컬 기술이 감정을 표현하는 방식에는 여러 한계가 존재한다. 현재 AI 음성 합성 기술은 다양한 감정을 표현할 수 있지만, 인간의 감정 표현과 비교하면 여전히 차이가 있다. 감정의 미세한 변화와 복합적인 감정 상태를 정확히 구현하는 것이 주요 과제 중 하나다. 감정은 음성의 억양(intonation), 강세(stress), 속도(tempo), 음색(timbre) 등의 요소에 의해 결정되며, 이러한 요소가 적절히 조합되지 않으면 감정 표현이 부자연스럽거나 단조롭게 들릴 수 있다.

AI 보컬의 감성 표현에서 가장 큰 한계 중 하나는 감정이 포함된 음성 데이터의 부족이다. 감정을 표현한 음성 데이터는 일반 음성 데이터보다 수집이 어렵고, 동일한 문장을 다양한 감정으로 발화한 데이터세트를 구축하는 것이 쉽지 않다. 특히, 혼란, 두려움, 경멸 같은 희귀한 감정에 대한 학습 데이터는 부족해 모델 학습에 어려움이 발생한다. 이를 해결하기 위해 감정 데이터 증강(emotional data augmentation) 기법이 도입되고 있으며, 기존 음성 데이터에 감정 태그를 추가하거나 감정 전이를 적용해 새로운 감정 데이터를 생성하는 방식이 연구되고 있다.

또한 현재 AI 보컬의 감정 표현 방식은 단순한 감정 분류에 의존하는 경우가 많다. 즉, AI 모델은 특정 문장이 '기쁨', '슬픔', '분노' 등으로 구분된 감정 카테고리를 기반으로 학습하지만, 실제 인간의 감정은 연속적이며, 미묘한 변화를 포함한다. 이를 해결하기 위해 감정 강도를 조절할 수 있는 모델이 개발되고 있다. 감정 스펙트럼(emotion spectrum) 기반 모델은 감정을 개별적인 범주가 아닌 연속적인 변화로 표현해 보다 자연스러운 감정 변화를 반영할 수 있도록 설계되었다.

감정 표현의 또 다른 한계는 문맥 정보를 충분히 반영하지 못하는 점이다. 인간의 감정은 단일 문장만으로 결정되지 않고, 대화의 흐름과 전체적인 문맥(context)에 영향을 받는다. 그러나 현재 AI 보컬 모델은 문맥 정보를 충분히 반영하지 못하는 경우가 많으며, 이는 감정 표현의 일관성을 떨어뜨리는 요인이 된다. 최근 연구에서는 트랜스포머 기반 음성 합성 모델을 활용해 문맥 정보를 더 효과적으로 반영하는 방안이 연구되고 있다.

이러한 한계를 해결하기 위해 감정 조절 파라미터(parameterized emotion control) 기법이 적용되고 있다. 사용자가 감정 강도와 세부적인 감정 요소를 직접 조절할 수 있는 모델을 활용하면 보다 세밀한 감정 표현이 가능하다. 또한 프로소디 모델을 적용해 감성 표현의 자연스러움을 향상시키는 연구도 진행 중이다. 프로소디 요소를 정밀하게 조절하면 감정 표현을 보다 풍부하게 만들 수 있으며, AI 보컬의 자연스러움을 높이는 데 기여할 수 있다.

향후 AI 보컬 감성 표현 기술은 더욱 정교한 감정 변조 기법과 데이터 기반 학습을 통해 발전할 것으로 예상된다. 감정 조절이 가능한 모델과 문맥 정보를 반영하는 고도화된 시스템이 개발되면, AI 보컬의 감정 표현은 보다 자연스럽고 인간과 유사한 형태로 진화할 것이다.

참고문헌

권철홍(2021). 딥 러닝 기반 한국어 실시간 TTS 기술 비교. ≪문화기술의 융합≫, 7(1), 640-645쪽.

이수영 외(2021). 감성형 오디오북 제작을 위한 지능형 음성 합성 및 음성변환 기술 개발. 한국과학기술원.

최연주 외(2018). 한국어 text-to-speech(TTS) 시스템을 위한 엔드투엔드 합성 방식 연구. ≪말소리와 음성과학≫, 39-48쪽.

한나래 · 이진혁(2020). 한국어 발음 분석을 통한 가상 보컬 시스템 개선 방안 연구. ≪대한음성학회지≫, 15(1), 25-32쪽.

A-Hyeon, Jo & Keun-Chang, Kwak(2023). Speech Emotion Recognition Based on Two-Stream Deep Learning Model Using Korean Audio Information. *Applied Sciences*, 13(4), p.2167.

Dash, Adyasha & Agres, Kat R.(2023). AI-Based Affective Music Generation Systems: A Review of Methods, and Challenges. arXiv, arXiv:2301.06890

Duyoung, Jeon et al.(2022). User Guide for KOTE: Korean Online Comments Emotions Dataset. arXiv, arXiv:2205.05300v1.

freeCodeCamp.org(2023). Tacotron, WaveNet, VITS Models.

Huang, Rongjie et al.(2022). SingGAN: Generative Adversarial Network for High-Fidelity Singing Voice Generation. arXiv, arXiv:2110.07468v4.

05
AI 보컬 기술의 실제 적용 및 성능 평가

AI 보컬 기술은 음악 산업에서 음원 제작과 가상 가수 개발 등 다양한 분야에 활용되고 있다. 그러나 음질, 감정 표현 정확성, 발음의 자연스러움 등에서 아직 개선의 여지가 있다. 실제 산업 적용 사례를 분석하고, 기술적 성과 및 성능 평가 방법을 논의하며, 향후 발전 방향을 제시한다.

AI와 아이돌?

음운론적 접근을 통한 발음 최적화

AI 보컬 기술에서 음운론적 접근을 활용한 발음 최적화는 자연스러운 음성 합성을 위한 핵심 연구 분야 중 하나다. 음운론은 언어의 소리 체계를 분석하는 학문으로, 이를 AI 보컬 기술에 적용하면 보다 명확하고 자연스러운 음성을 생성할 수 있다. AI 보컬이 인간과 유사한 발음을 구현하기 위해서는 음소, 강세, 억양 등의 요소를 정밀하게 조절해야 한다. 특히, 음운론적 특성을 반영한 AI 보컬 모델은 기존의 단순한 합성 방식보다 더욱 자연스럽고 정확한 발음을 생성할 수 있다.

AI 보컬의 발음 최적화를 위한 주요 방법 중 하나는 음운 규칙(phonological rules)의 적용이다. 이를 활용하면 특정 환경에서 음소가 어떻게 변화하는지 예측하고, 이를 AI 음성 합성 모델에 반영할 수 있다. 예를 들어, 한국어에서는 첨가, 경음화, 비음화 등의 음운 변동이 자연스러운 발음에 영향을 미친다. 기존 AI 보컬 시스템은 이러한 음운 변화를 완벽하게 반영하지 못하는 경우가 많았으나, 최근 연구에서는 음운 규칙을 기반으로 한 모델이 개발되면서 발음의 정확성이 크게 향상되었다.

또한 음운론적 접근을 적용한 AI 보컬 모델은 발음 오류를 줄이는 데에도 효과적이다. 기존 음성 합성 시스템에서는 특정 단어나 문장에서 부정확한 발음이 발생하는 경우가 많았다. 특히, 외래어나 복잡한 음소 조합을 포함한 단어에서 이러한 문제가 두드러졌다. 이를 해결하기 위해 최근에는 대규모 음성 데이터세트를 활용해 딥 러닝 모델이 학습하도록 하고, 음운론적 지식을 반영해 발음 오류를 자동으로 교정하는 기법이 개발되고 있다. 예를 들어, Tacotron2, FastSpeech, VITS 등의 AI 음성 합성 모델은 음운론적 정보를 학습 데이터에 포함해 보다 자연스러운 발음을 구현하는 데 기여하고 있다.

음운론적 접근을 통한 발음 최적화는 AI 보컬이 감정을 보다 풍부하게 표현하는 데에도 중요한 역할을 한다. 감정 표현은 단순한 음소 조합만으로 구현할 수 없으며, 억양과 강세를 조절하는 것이 필수적이다. 감성 표현을 강화하기 위해 음운론적 정보를 활용하는 기법이 최근 연구에서 제안되고 있으며, 이를 통해 AI 보컬의 자연스러움을 더욱 향상시킬 수 있다. 예를 들어, 감정에 따라 발음의 길이나 강세를 조정하는 기술이 적용되면, AI 보컬이 더욱 인간적인 음성을 구현할 수 있다.

향후 AI 보컬 기술의 발전 방향은 음운론적 접근을 더욱 정교하게 반영하는 것이다. 현재의 모델들은 음운 변화를 반영하는 수준이 제한적이지만, 보다 세밀한 음운 규칙을 학습하고 적용하는 연구가 지속적으로 이루어지고 있다. 또한 실시간 합성 기술과 결합해 보다 자연스럽고 빠른 음성 생성을 목표로 하고 있다. 이러한 발전이 이루어진다면, AI 보컬 기술은 인간과 거의 구별할 수 없는 수준의 자연스러운 발음을 구현할 수 있을 것으로 기대된다.

AI 보컬 감성 표현의 기술적 성과

AI 보컬 기술은 감정 표현을 통해 보다 자연스러운 음성을 구현하는 방향으로 발전하고 있다. 감정 표현은 음성의 억양, 강세, 속도, 음색 등을 조절해 이루어지며, 최신 AI 음성 합성 모델들은 이러한 요소를 정밀하게 제어할 수 있도록 설계되고 있다. Tacotron2, VITS 같은 모델은 프로소디 정보를 반영해 감정을 보다 자연스럽게 표현하는 데 기여하고 있다.

AI 보컬의 감정 표현 방식은 감정 데이터세트를 기반으로 학습되며, 감정 레이블이 부착된 음성 데이터를 활용해 특정 감정을 구현하는 모델이 개발된다. 감정 표현 방식에는 감정 분류 기반 모델과 감정 강도 조절(emotion intensity control) 모델이 있다. 감정 분류 모델은 특정 문장을 '기쁨', '슬픔', '분노' 등의 감정 카테고리로 분류해 학습하는 방식이며, 감정 강도 조절 모델은 감정을 연속적인 스펙트럼으로 조정해 보다 미묘한 감정 변화를 구현할 수 있도록 한다. 이러한 방법들은 AI 보컬이 단순한 음성 합성을 넘어 보다 세밀한 감정 전달이 가능하도록 한다.

AI 보컬의 감정 표현 성능을 평가하기 위해 다양한 실험이 진행되었다. 실험에서는 감정 태그를 적용한 AI 보컬 모델이 감정을 얼마나 정확하게 표현할 수 있는지 분석했다. 평가 방법으로는 MOS, ABX 테스트, 객관적 음향 분석이 사용되었다. MOS 평가는 청취자가 감정 표현의 자연스러움을 평가하는 방식으로 진행되었으며, 감정 태그를 적용한 모델이 일반 음성 합성 모델보다 높은 점수를 기록했다. 또한 ABX 테스트를 통해 AI 보컬이 인간 음성과 얼마나 유사한 감정 표현을 구현하는지 비교했으며, 감정 표현이 적용된 모델이 더 높은 유사성을 보였다.

AI 보컬 감성 표현 기술의 또 다른 발전은 음성 변조 기법을 활용한 감정 조절이 가능해졌다는 점이다. 음성 변조 기법은 발화 속도, 피치 변화, 강세 등의 감정 요소를 조정해 다양한 감정을 표현하는 방식으로, 이를 통해 AI 보컬이 문맥에 따라 감정을 조정할 수 있는 가능성이 열렸다. 최근 연구에서는 감정 전이(emotion transfer) 기법을 도입해 한 감정에서 다른 감정으로 변환하는 기술이 개발되었으며, 이를 활용하면 AI 보컬이 보다 자연스럽게 감정을 표현할 수 있다.

그러나 AI 보컬의 감성 표현에는 여전히 한계가 존재한다. 첫째, 감정 표현의 정밀도가 부족해 미묘한 감정 변화를 구현하는 것이 어렵다. 둘째, 감정 데이터세트가 한정적이어서 다양한 감정 상태를 학습하는 데 한계가 있다. 셋째, 문맥 기반 감정 조절이 부족해 대화 흐름에 따른 자연스러운 감정 변화를 구현하는 것이 어렵다. 이러한 문제를 해결하기 위해 연구자들은 대규모 감정 데이터세트 구축, 문맥 정보를 반영하는 모델 개발, 더욱 정교한 감정 조절 기법 적용 등의 방안을 모색하고 있다.

향후 AI 보컬 감성 표현 기술은 더욱 세밀한 감정 조절 기법과 데이터 기반 학습을 통해 발전할 것으로 예상된다. 감정 강도를 조절할 수 있는 모델과 문맥 정보를 반영하는 고도화된 시스템이 개발되면, AI 보컬의 감정 표현은 더욱 자연스럽고 인간과 유사한 형태로 진화할 것이다.

AI 보컬의 성능 평가 및 한계

AI 보컬 기술의 성능을 평가하기 위해 다양한 실험적 접근법이 활용된다. 데이터 기반 평가 방법을 통해 음질, 자연스러움, 발음 정확성, 감성 표현력 등을 정량적으로 분석하는 것이 핵심이다. AI 음성 합성 기술이 발전하면서 평가 지표도 점점 정교해지고 있으며, 표준화된 성능 분석 방법이 요구되고 있다.

실제 성능 평가에서는 대규모 음성 데이터세트를 활용해 AI 보컬의 발음 정확도를 검증한다. 특정 문장을 다양한 감정 상태에서 발화하도록 한 후, 감정 표현의 차이를 정량적으로 분석하는 방식이 사용된다. 음성 분석 도구를 활용해 AI 보컬의 발음 오류율, 음소 지속 시간, 억양 패턴 등을 측정하고, 이를 실제 인간 음성과 비교해 평가한다. 특히 AI 보컬과 인간 보컬의 차이를 명확히 파악하기 위해 스펙트로그램을 통한 시각적 비교 분석과 Praat을 이용한 포먼트(F1, F2 등) 비교 분석을 수행한다. 또한 음질 평가의 정량적 지표로 SDR(신호 대 왜곡비), SAR(신호 대 잡음 비)을 활용해 AI 합성 과정에서 발생하는 음성 왜곡과 잡음을 객관적으로 평가하고 있다. 평가 결과, AI 보컬의 자연스러움은 기존 모델보다 향상되었으나, 특정 감정 표현에서 억양의 불안정성이 관찰되었고, SDR과 SAR 수치에서도 음질 균형이 완벽하지 않은 부분이 발견되었다.

AI 보컬 기술의 한계점으로는 감정 표현의 세밀한 조정이 어렵다는 점이 있다. 현재 AI 보컬 시스템은 기본적인 감정을 표현할 수 있으나, 감정 강도를 미세하게 조절하는 데 제한이 있다. 또한 같은 감정을 반복적으로 학습할 경우 표현의 다양성이 감소하는 문제가 발생한다. 긴 문장에서 문맥에 따라 발음을 자연스럽게 조정하는 능력도 부족한 것으로 나타났다. 이는 AI 보컬이 단어 단위로 합성되는 특성에서 비롯되며, 인간 음성과 비교할 때 문맥적 조절이 미흡해, SAR 지표에서도 음성 합성 과정에서 인공적인 잡음과 부자연스러운 요소가 증가하는 결과를 초래했다.

성능 평가 결과, AI 보컬 기술은 음악 제작 및 음성 콘텐츠 분야에서 활용 가능성이 높음을 보여 주었다. 최신 AI 음성 합성 모델을 적용한 결과, 발음 정확도가 개선되었으며, 포먼트 분석 결과에서도 인간 음성과의 음향적 차이가 기존 기술보다 줄어든 것이 확인되었다. 또한 SDR과 SAR 같은 정량적 지표 역시 이전 모델보다 개선된 수치를 나타냈다. 그러나 특정 감정에서는 과장된 억양이나 부자연스러운 리듬이 스펙트로그램을 통한 시각적 분석에서 명확히 나타나, 추가적인 조정이 필요한 부분이 확인되었다.

이러한 한계를 해결하기 위해 AI 보컬의 감성 표현력을 정교하게 조절할 수 있는 기술이 필요하다. 특히, 딥러닝 기반의 새로운 학습 방법을 적용해 문맥을 고려한 자연스러운 발화 패턴을 생성하고, SDR, SAR 같은 정량적 지표와 포먼트 기반의 음향 특성 평가를 적극 활용해 지속적으로 모델 성능을 향상시키는 연구가 진행될 것으로 예상된다. 또한 사용자 피드백을 반영해 발음 오류율, 음소 지속 시간, 억양의 불안정성 등을 지속적으로 개선하는 방식이 도입될 가능성이 높다. AI 보컬 기술이 발전함에 따라, 인간과 유사한 자연스러운 발성과 감정 표현을 구현하는 것이 주요 연구 과제로 남아 있다.

참고문헌

김아름(2022). 한국어 자동 음성 인식의 오류 유형에 대한 음운론적 연구. 박사학위논문, 서울대학교.

김은지(2020). 합성곱 신경망을 이용한 한글 문자 인식. 석사학위논문, 서울대학교.

박진철(2021). 인공지능(AI)을 활용한 한국어 듣기 교육 자료 제작 연구 - 음성 합성기술(TTS) 활용을 중심으로 -, ≪이중언어학≫, 82, 61-84쪽.

양희식 외(2002). 한국어 음성 합성기 성능평가에 의한 합성 음질개선. ≪대한음성학회 학술대회논문집≫, 37-40쪽.

조수희(2019). 딥 러닝 기반 보코더의 음성 합성에 대한 음성학적 관찰. 석사학위논문, 고려대학교.

A-Hyeon, Jo & Keun-Chang, Kwak(2023). Speech Emotion Recognition Based on Two-Stream Deep Learning Model Using Korean Audio Information. *Applied Sciences*, 13(4), p.2167.

freeCodeCamp.org(2023). Tacotron, WaveNet, VITS Models.

Ni, Naihan et al.(2018.9). Neural Speech Synthesis with Transformer Network. *PapersWithCode*.

Tan, Xu et al.(2021). A Survey on Neural Speech Synthesis. arXiv. arXiv:2106.15561.

06
인간과 AI의 협력

인공지능 보컬 기술은 음악 산업에서 음운론적 접근을 활용해 발음과 감정 표현의 정확성을 높이며, 인간 보컬과의 협업을 통해 음악 창작의 폭을 확장하고 있다. AI 보컬과 인간의 협력 사례를 분석하고, 기술의 발전 가능성과 개선 방안을 제시한다.

AI와 야구?

협력 사례와 전망

인공지능 보컬 기술은 음악 산업에서 혁신적인 요소로 자리 잡으며 활용 범위가 확대되고 있다. 특히 AI 음성 합성 기술은 발음의 정확성을 높이고 감정 표현 능력을 향상시키는 방향으로 발전하고 있으며, 이를 통해 인간 보컬과 협력해 음악 창작 과정에서 새로운 가능성을 제공하고 있다. 최근에는 AI 보컬 기술이 기존의 단순한 음성 합성 단계를 넘어, 다양한 감정 표현과 보다 명확한 발음을 구현하는 수준까지 발전했다.

이러한 발전을 통해 AI 보컬 기술은 실제 음원 제작 과정에서 점점 더 많이 사용되고 있다. 아티스트들은 AI 보컬 기술을 이용해 새로운 형태의 음성 표현을 시도하거나, 현실에서 존재하지 않는 가상 보컬을 창작해 음악적 시도를 확장하고 있다. 또한 과거에 녹음된 아티스트의 목소리를 분석하고 재구성하는 방식으로 새로운 곡을 제작하는 경우도 등장하고 있으며, 이는 AI가 창작 영역을 넓히는 데 기여하고 있다.

AI 보컬 기술은 보컬이 필요한 특정 파트를 대체하거나 보완하는 방식으로도 활용된다. 예를 들어, 음악 제작 과정에서 AI가 특정 구간의 보컬을 담당하면서도 사람의 목소리 특성을 유지할 수 있도록 설계된다. 이 방법은 음악 제작자가 원하는 음색과 스타일을 보다 정확하게 구현할 수 있게 해주며, 보컬 녹음 과정에서 발생하는 여러 문제를 해결하는 데에도 효과적이다.

라이브 공연에서도 AI 보컬의 활용이 점차 확대되고 있다. 기존에는 녹음된 음원을 재생하는 방식이 주를 이루었지만, 최근 기술 발전으로 실시간 AI 보컬 합성이 가능해지면서 라이브 공연 중에도 인간 보컬과 함께 협력해 보다 생생한 무대를 연출할 수 있게 되었다. 이러한 협력 방식은 공연의 질을 높이고, 다양한 예술적 표현을 가능하게 하고 있다.

AI 보컬 기술이 발전함에 따라 창작자의 역할도 변화하고 있다. 기존에는 보컬리스트가 모든 감정 표현과 발성을 전적으로 담당했다면, 이제는 AI 보컬이 인간 보컬의 특성을 분석하고, 이를 기반으로 다양한 표현을 자동으로 구현할 수 있게 되었다. 이에 따라 창작자는 보다 창의적이고 다양한 시도를 할 수 있게 되었다.

AI 보컬 기술이 지속적으로 발전하면서, 앞으로 더욱 정교한 감정 표현과 자연스러운 발음을 구현할 수 있을 것으로 기대된다. 특히, AI가 인간의 목소리와 감정을 더욱 정밀하게 분석하고 재현하는 기술이 개발되면, 아티스트들이 음악 창작에서 더욱 폭넓은 가능성을 발견

할 수 있을 것이다. 이와 같은 발전 방향을 통해 AI 보컬은 인간과 협력해 창작의 다양성을 높이는 중요한 요소로 자리 잡을 전망이다.

AI 보컬과 라이브 퍼포먼스

라이브 공연 환경에서 AI 보컬 기술은 실시간 음성 합성 알고리즘의 발전으로 새로운 가능성을 제시하고 있다. 초기 스튜디오 녹음 위주로 활용되던 기술이 공연장으로 확장되면서 퍼포먼스의 방식과 표현의 영역이 넓어지고 있다.

실시간 처리 속도는 AI 보컬의 라이브 활용에 핵심 요소다. 최신 음성 합성 시스템은 지연 시간을 단축하고 있지만, 현재 기술로는 15ms 이하의 지연 시간을 안정적으로 유지하기 어려우며, 복잡한 음악적 맥락에서는 30~50ms 수준의 지연이 발생한다. 이는 완벽한 실시간 협업에는 아직 제약이 있음을 의미한다.

백업 보컬 영역에서 AI의 역할은 특히 주목할 만하다. 메인 보컬의 음높이와 음색을 실시간으로 분석해 완벽한 하모니를 생성하는 시스템은 일관된 코러스 사운드를 보장한다. 이는 투어 비용 절감과 함께 음악적 완성도를 높이는 효과를 가져온다.

장시간 공연에서 발생하는 성대 피로도 문제를 해결하기 위한 AI 보조 시스템도 개발되고 있다. 이 기술은 가수의 목소리 상태를 모니터링하며 고음이나 지속음 같은 부담이 큰 구간을 감지해 필요할 때 자연스럽게 보조한다. 이를 통해 아티스트는 더 안정적인 공연을 유지할 수 있다.

가상 아티스트와 실제 가수의 협연도 새로운 형태의 공연을 창출하고 있다. 홀로그램 프로젝션과 결합된 AI 보컬 시스템은 관객과의 상호작용도 가능하다. 관객의 반응을 분석하는 센서 시스템이 AI의 퍼포먼스 스타일을 실시간으로 조절해 더 몰입감 있는 경험을 제공한다.

공연장 음향 환경에 적응하는 AI 보컬 시스템도 중요한 발전 방향이다. 공간의 울림, 관객 소음, 음향 시스템의 특성을 분석해 최적의 음색과 음량으로 자동 조정하는 기술은 다양한 공연장에서도 일관된 사운드를 유지하게 해준다.

AI와 인간 가수의 상호작용 방식도 진화하고 있다. 초기에는 단순 반주나 보조 역할에 그쳤으나, 이제는 듀엣이나 콜 앤 리스폰스(Call and Response) 형태의 창의적 협업으로 발전했다. 즉흥적인 변화에도 대응할 수 있는 AI 시스템은 예측 불가능한 공연의 재미를 더한다.

감정과 분위기를 인식하는 AI 보컬 시스템은 공연의 역동성을 높인다. 관객의 집단적 감정 상태와 현장 분위기를 분석해 음악의 템포, 음색, 감정 표현을 적절히 조절함으로써 더 몰입감 있는 경험을 제공한다.

언어 장벽을 넘는 다국어 공연 지원도 AI 보컬의 중요한 역할이다. 원곡의 감정과 뉘앙스를 유지하면서 다양한 언어로 실시간 변환할 수 있어 글로벌 투어에서 현지 관객과의 소통을 강화한다.

AI 보컬 기술의 향후 발전 방향은 더욱 자연스러운 인간-AI 상호작용에 초점을 맞추고 있다. 가수의 미세한 제스처와 표정 변화까지 감지해 완벽하게 동기화된 퍼포먼스를 구현하는 기술이 개발 중이며, 이는 라이브 공연의 새로운 가능성을 열어줄 것이다.

AI 보컬 기술은 인간 아티스트를 대체하기보다 새로운 예술적 표현 영역을 확장하는 도구로서 자리매김하고 있다. 이 기술은 창작자에게 더 넓은 음악적 가능성을 제공하며, 관객에게는 전에 없던 새로운 공연 경험을 선사하고 있다.

AI 보컬과 창작자의 역할 변화

AI 보컬 기술의 발전은 음악 창작자의 역할에 많은 변화를 가져오고 있다. 과거 음악 제작 과정에서는 특정 보컬리스트의 음색과 스타일이 중요한 요소로 작용했으며, 작곡가와 프로듀서는 주로 보컬리스트의 특징을 고려해 곡을 제작했다. 하지만 AI 보컬 기술이 발전하면서 창작자들은 특정 보컬리스트에 덜 의존하고 다양한 음색과 표현을 자유롭게 실험할 수 있게 되었다.

AI 보컬 기술은 작곡 및 편곡 과정에서 창작자에게 새로운 선택지를 제공한다. 창작자는 AI를 통해 원하는 음색과 표현 방식을 설정하고, 미리 시뮬레이션해 보컬 트랙을 만들어 볼 수 있다. 이로 인해 특정 보컬리스트를 섭외하거나 녹음하는 과정이 생략되면서 제작 시간과 비용이 절감되는 효과가 나타난다. 또한 AI 보컬은 발음의 정확성과 감정 표현이 꾸준히 개선되고 있어 창작자가 세밀하게 보컬의 표현 방식을 제어할 수 있게 되었다.

프로덕션 과정에서도 AI 보컬 기술은 효율성을 높인다. 기존 녹음 방식에서는 보컬리스트가 여러 차례의 녹음을 반복해 최적의 결과를 얻어야 했지만, AI 보컬을 사용하면 반복적인 녹음 없이 높은 품질의 보컬 트랙을 빠르게 생성할 수 있다. AI는 보컬리스트의 음색과 발성 특성을 학습해 자연스러운 보컬 합성을 제공하며, 소규모 제작자나 독립 아티스트들에게 특히 유용하게 활용될 수 있다.

AI 보컬 기술은 음악 산업 전반에도 영향을 미치고 있다. 보컬리스트의 일정이나 신체적 피로와 관계없이 곡 제작이 가능해, 지속적인 콘텐츠 생산이 쉬워지고 있다. 이는 대형 음반사뿐 아니라 독립 아티스트들에게도 유리한 환경을 제공하며, 새로운 형태의 음악 창작과 보급이 가능해지고 있다. AI 보컬의 품질과 표현력이 계속해서 발전함에 따라 AI 기반 가수의 등장 가능성도 높아지고 있다.

AI 보컬 기술은 보컬 스타일의 맞춤화를 가능하게 한다. 창작자들은 AI를 통해 특정 장르나 곡에 적합한 음색과 표현을 쉽게 적용하고, 실시간으로 조정할 수 있다. 이 과정에서 창작자의 역할은 더욱 확장되어, 보다 다양한 음악적 시도를 할 수 있는 환경이 만들어진다.

한편, AI 보컬 기술의 확산은 보컬리스트의 역할에도 변화를 가져오고 있다. 일부 보컬리스트는 자신들의 음성을 AI 시스템에 제공해 새로운 음악 제작 방식을 시도하고 있다. 이를 통해 다양한 음악적 스타일을 구현하며 새로운 형태의 수익 모델을 개발하고 있다.

AI 보컬 기술이 더욱 발전함에 따라 창작자의 역할은 더욱 다기능적으로 변화할 전망이다. 향후 AI 보컬이 인간 보컬과 더욱 유사한 수준으로 발전하면, 창작자는 보다 다양한 음악적 표현과 실험을 진행할 수 있을 것으로 예상된다. 이를 통해 전통적인 음악 제작 방식과 새로운 기술적 방식이 결합되어 창작 과정 전반에 혁신을 가져올 수 있다.

결국 AI 보컬 기술의 발전은 음악 산업에서 창작자의 역할을 변화시키며, 보다 효율적이고 창의적인 음악 제작 환경을 만들어 가고 있다.

참고문헌

박부경(2022). 국내 음악분야 인공지능 관련 연구 동향분석. ≪차세대융합기술학회논문지≫, 6(3), 570-578쪽.

유현주(2022). 인공지능의 음악 창작 사례 연구: 구글의 인공지능 마젠타 프로젝트 사례를 중심으로. ≪차세대 융합기술학회논문지≫, 6(9), 1737-1745쪽.

이창섭 · 이현정(2019). 인공지능 혁신에 대한 기대와 불안 요인 및 영향 연구. ≪한국콘텐츠학회논문지≫, 19(9), 37-46쪽.

최효승 · 손영미(2017). 인공지능과 예술창작 활동의 융복합 사례분석 및 특성 연구. ≪한국과학예술융합학회≫, 28, 289-299쪽.

freeCodeCamp.org(2023). Tacotron, WaveNet, VITS Models.

Huang, Rongjie et al.(2022). SingGAN: Generative Adversarial Network for High-Fidelity Singing Voice Generation. arXiv, arXiv:2110.07468v4.

Hyeong-Seok, Choi et al.(2022). NANSY++: Unified Voice Synthesis with Neural Analysis and Synthesis. arXiv,

arXiv:2211.09407.
Ni, Naihan et al.(2018.9). Neural Speech Synthesis with Transformer Network. *Papers With Code*.
Tan, Xu et al.(2021). A Survey on Neural Speech Synthesis. arXiv. arXiv:2106.15561.

07
AI 보컬의 윤리적 문제

AI 보컬 기술의 발전은 창작의 새 지평을 열었지만 윤리적 과제도 제시한다. 특정인의 음성 복제 과정에서 저작권 침해와 개인정보 보호 문제가 발생할 수 있다. AI 생성 음원의 법적 소유권 규정도 논란이 되고 있다. 이런 문제들을 해결하려면 법률, 기술, 윤리 측면에서 다각적 접근이 필요하며, AI 보컬 기술의 투명하고 책임감 있는 활용을 위한 체계적 논의가 중요하다.

AI와 윤동주?

음성 복제의 윤리적 쟁점

AI 보컬 기술은 음악 산업과 콘텐츠 제작 분야에 혁신을 가져왔으나, 동시에 다양한 윤리적 문제를 야기하고 있다. 이 기술은 특정 인물의 음성을 정밀하게 복제해 원래 가수가 참여하지 않은 작품에서도 그들의 보컬을 구현할 수 있게 한다. 이러한 기능은 새로운 창작 가능성을 열어주지만, 동의 없는 음성 사용 시 심각한 저작권 침해와 개인정보 보호 문제를 초래한다.

AI 음성 복제 기술은 단순히 유사한 음원을 생성하는 것을 넘어, 특정 가수의 독특한 음색과 발성 방식까지 정확히 재현할 수 있다. 이는 음악 산업 구조에 근본적인 변화를 가져와, 가수의 직접 참여 없이도 신곡 제작이 가능해졌다. 하지만 원본 음성 소유자의 동의 없이 AI가 목소리를 사용할 경우, 초상권과 저작권 침해 문제가 발생한다. 특히 유명 아티스트의 음성이 무단으로 복제되면 그들의 브랜드 가치와 이미지에 심각한 손상을 줄 수 있으며, 이는 법적 보호가 필요한 영역이다.

AI 음성 복제 기술은 사기와 범죄에 악용될 가능성도 내포하고 있다. AI가 특정인의 음성을 완벽하게 모방할 수 있게 되면, 허가 없이 음성 메시지나 녹취를 제작해 금융사기, 허위 광고, 가짜 뉴스 생성 등에 활용될 수 있다. 이러한 위험을 방지하기 위해서는 AI 보컬 기술의 사용 범위에 대한 명확한 기준과 법적 규제가 필요하며, AI 생성 음성과 원본 음성을 구별할 수 있는 기술적 장치도 개발되어야 한다.

법적 측면에서 AI 생성 음성의 소유권에 대한 명확한 기준이 부재한 것도 문제다. 현행 저작권법은 주로 인간 창작자의 권리 보호에 중점을 두고 있어, AI가 생성한 음성의 경우 창작자의 고유한 작품으로 인정할 수 있는지에 대한 논란이 있다. AI가 특정 가수의 목소리를 학습해 새로운 곡을 부르는 경우, 해당 음성의 저작권 귀속과 상업적 활용 시 보상 체계에 대한 명확한 기준이 필요하다.

이러한 윤리적 문제를 해결하기 위해서는 다음과 같은 방안이 고려되어야 한다. 첫째, AI가 원본 목소리를 복제할 때 반드시 해당 인물의 명시적 동의를 얻도록 하는 제도적 장치가 마련되어야 한다. 둘째, AI 생성 음성에는 디지털 워터마크를 삽입해 AI 보컬이 생성한 음성임을 명확히 구분할 수 있도록 해야 한다. 셋째, AI 보컬이 특정 가수의 스타일을 학습하더라도 원본 가수와 차별화된 음색과 표현력을 갖도록 설계하는 방식을 고려할 필요가 있다.

AI 보컬 기술의 윤리적 문제를 해결하지 않으면, 이 기술의 발전이 오히려 음악 산업과 콘텐츠 제작에 부정적인 영향을 미칠 수 있다. 원본 가수의 동의 없이 AI 보컬이 무단으로 활용되는 사례가 증가하면, 창작자들의 권리 보호가 어려워지고 AI 보컬 기술에 대한 신뢰도 역시 하락할 것이다. 따라서 AI 보컬 기술이 지속적으로 발전하면서도 윤리적 문제를 최소화할 수 있도록 법적, 기술적, 윤리적 차원에서의 종합적인 대응이 필수적이다.

저작권과 AI 보컬

AI 보컬 기술의 발달로 음원 저작권에 관한 새로운 법적 과제가 등장하고 있다. 기존 저작권법은 인간 창작자의 저작물 보호에 초점을 맞추었으나, AI가 자체적으로 학습해 생성한 음원의 법적 지위는 아직 명확히 정립되지 않았다. 특히 AI가 특정 가수의 음색과 창법을 학습해 새로운 음원을 생성할 경우, 이 음원의 저작권 귀속 문제가 복잡한 양상을 띤다. AI 생성 음원이 독창적 창작물인지 또는 데이터 변형 결과물인지에 대한 법적 해석이 필요하며, 이에 따라 음악 산업 내에서 다양한 논의가 진행 중이다.

AI 보컬 저작권 문제의 핵심 쟁점은 원본 보컬리스트와의 관계 설정이다. 특정 가수의 목소리를 학습한 AI 생성 음원이 해당 가수의 창작물로 인정될 수 있는지, 아니면 AI 모델 개발자에게 저작권이 귀속되는지가 주요 논의 대상이다. 일반적으로 음악 저작권은 가창자, 작곡가, 작사가 등 창작 참여자에게 부여되지만, AI가 특정 보컬리스트의 음성을 기반으로 새로운 음원을 생성하면 기존 저작권법 적용이 어려워진다. 일부 국가에서는 AI가 기존 가수의 음색을 학습하는 과정 자체가 저작권 침해에 해당할 가능성을 제기하고 있다.

AI 보컬 음원의 소유권 문제는 AI 모델 개발자, 음원 제작자, 원본 데이터 제공자 간 이해관계 충돌로 더욱 복잡해진다. AI 보컬 음원이 기존 음원의 일부를 직접 사용하거나 원본과 거의 동일한 특성을 갖도록 학습된 경우, 원저작자 권리 침해 가능성이 높다. 반면 AI가 완전히 새로운 음성을 생성해 기존 음원과 유사성이 낮다면, 해당 음원의 창작권을 AI 모델 개발자가 가질 수 있는지도 논의되고 있다.

이러한 저작권 문제 해결을 위해 여러 대안이 제시되고 있다. 첫째, AI가 특정 가수 음성을 학습할 때 반드시 원본 가수의 동의를 얻도록 하는 방식이다. 이를 위해 AI 학습 데이터 사용 허가 절차를 명확히 하고, 원본 가수가 자신의 목소리를 AI 학습에서 제외할 수 있는 법적 장치가 필요하다. 둘째, AI 생성 음원이 기존 음원과 유사성을 가질 경우, 원저작자에게 일정 보상을 제공하는 방식이다. 예를 들어, AI가 기존 가수 음색을 학습해 유사한 음원을 생성한 경우, 해당 음원 수익의 일부를 원저작자에게 배분하는 방안이 고려되고 있다.

AI 생성 음원의 독창성 인정 여부도 중요한 쟁점이다. AI 생성 음원이 기존 곡과 유사성이 낮다면, 이를 AI 개발자의 창작물로 인정할 수 있는지에 대한 법적 논의가 필요하다. 현행 저작권법은 인간의 개입이 없는 창작물에 저작권을 인정하지 않는 경향이 있으나, AI 기술 발전으로 AI 자체가 창작자로 인정될 가능성도 배제할 수 없게 되었다.

AI 보컬 기술이 더욱 발전함에 따라 저작권 문제는 더욱 복잡해질 전망이다. AI가 특정 스타일 모방에서 벗어나 완전히 새로운 창작물을 만들어 내는 경우가 증가할수록, AI의 법적 지위 규정에 관한 논의가 중요해질 것이다. AI 생성 음원이 법적 보호를 받을 수 있는 창작물인지, 아니면 단순한 데이터 변형인지에 대한 명확한 기준 마련이 필요하며, 이를 위한 법적, 기술적 논의가 지속되어야 한다.

AI 보컬 저작권 문제는 법적 영역을 넘어 음악 산업 전반의 변화와 연결된다. AI 보컬이 인간 가수를 대체하는 것이 아니라 창작 도구로 활용된다면, 기존 저작권 체계와 공존할 수 있는 방식으로 발전할 가능성이 크다. 이를 위해 AI 보컬 기술이 창작자 권리를 침해하지 않도록 하는 윤리적 기준 마련과 음악 창작의 새로운 형태로서 AI를 수용할 수 있는 체계적인 법적 정비가 필요하다.

AI 보컬 기술의 발전은 기존 저작권 개념의 변화를 가져오고 있으며, 새로운 형태의 법적 규제를 요구하고 있다. AI의 창작 참여 방식과 그에 따른 저작권 문제를 명확히 하기 위해서는 법적, 기술적, 산업적 관점에서 폭넓은 논의가 필요하며, AI와 인간 창작자가 공존할 수 있는 새로운 모델 구축이 앞으로의 중요한 과제가 될 것이다.

개인정보 보호와 AI 음성 기술

AI 보컬 기술의 발전에 따라 개인정보 보호 문제도 중요한 주제로 부상하고 있다. 최근 AI 음성 합성 기술은 특정 개인의 목소리를 학습해 매우 자연스러운 음성을 생성할 수 있게 되었다. 이를 통해 다양한 목소리를 손쉽게 재현할 수 있지만, 원본 사용자의 동의 없이 목소리가 수집되거나 사용될 경우 법적, 윤리적 문제가 발생할 가능성이 있다.

AI 음성 합성 기술은 실제 사람의 음성 데이터를 기반으로 모델을 학습시킨다. 이러한 학습 과정에서 개인의 음성 데이터가 명확한 동의 절차 없이 수집되거나 활용될 경우 개인정보 침해로 이어질 수 있다. 특히, AI 기술이 개인의 음성을 정확히 복제해 원본과 유사한 음성을 생성할 수 있는 수준에 도달하면서, 타인의 목소리를 이용한 사기나 범죄 위험도 높아지고 있다.

개인정보 보호와 관련해, 여러 국가에서는 AI 보컬 기술을 규제하기 위한 법안을 논의 중이다. 일부 국가에서는 음성 데이터의 수집과 사용 과정에서 반드시 개인의 명시적인 동의를 받도록 요구하는 법적 원칙을 마련하고 있다. 그러나 대부분의 국가에서는 아직 관련된 법적 규제가 미흡한 상황이며, 명확한 법적 가이드라인 마련이 시급한 상황이다.

AI 음성 기술의 개인정보 보호 문제를 해결하기 위해서는 기술적, 정책적 대응이 필요하다. 우선 AI 음성 합성 과정에서 사용된 데이터의 출처를 명확하게 하고, 원본 사용자로부터 명시적인 동의를 얻는 절차를 의무화하는 정책적 방안이 요구된다. 또한 AI 음성 파일에 디지털 워터마크 같은 기술적 방식을 적용해 실제 음성과 AI로 생성된 음성을 쉽게 구분할 수 있도록 하는 방안이 검

토되고 있다.

이러한 노력은 AI 보컬 기술이 발전하는 과정에서 개인의 권리 보호를 강화하고, 기술의 악용을 예방하는 데 기여할 것으로 기대된다. 앞으로 AI 보컬 기술의 발전과 함께 개인정보 보호를 위한 명확한 법적 기준과 기술적 대응 방안 마련이 중요 과제로 남아 있다.

참고문헌

김종진 외(2008). 내장형 음성 합성 기술 동향 및 사례. ≪전자통신동향분석≫, 23(1), 77-88쪽.

문화체육관광부(2023). 인공지능 창작물 저작권 보호 정책 연구.

박진철(2021). 인공지능(AI)을 활용한 한국어 듣기 교육 자료 제작 연구 - 음성 합성기술(TTS) 활용을 중심으로 - . ≪이중언어학≫, 82, 61-84쪽.

양희식 외(2002). 한국어 음성 합성기 성능평가에 의한 합성 음질개선. ≪대한음성학회 학술대회논문집≫, 37-40쪽.

유현주(2022). 인공지능의 음악 창작 사례 연구: 구글의 인공지능 마젠타 프로젝트 사례를 중심으로. ≪차세대 융합기술학회논문지≫, 6(9), 1737-1745쪽.

이수영 외(2021). 감성형 오디오북 제작을 위한 지능형 음성 합성 및 음성변환 기술 개발. 한국과학기술원.

이창섭 · 이현정(2019). 인공지능 혁신에 대한 기대와 불안 요인 및 영향 연구. ≪한국콘텐츠학회논문지≫, 19(9), 37-46쪽.

최효승 · 손영미(2017). 인공지능과 예술창작 활동의 융복합 사례분석 및 특성 연구. ≪한국과학예술융합학회≫, 28, 289-299쪽.

한나래 · 이승연(2023.6). 인공지능의 음악 그리고 창의성.

≪한국엔터테인먼트산업학회 학술대회 논문집≫, 1-8쪽.

Hyeong-Seok, Choi et al.(2022). NANSY++: Unified Voice Synthesis with Neural Analysis and Synthesis. arXiv, arXiv:2211.09407.

Tan, Xu et al.(2021). A Survey on Neural Speech Synthesis. arXiv. arXiv:2106.15561.

Yamamoto, Ryuichi et al.(2022). NNSVS: A Neural Network-Based Singing Voice Synthesis Toolkit. *Papers with Code*.

08
AI 보컬의 미래 기술

AI 보컬 기술은 딥 러닝 기반 음성 합성 모델을 활용해 개인의 목소리 특징을 정밀하게 학습하고 재현할 수 있어 음악 제작은 물론 오디오북, 게임, 가상 비서 등 다양한 콘텐츠 제작 분야에서 실시간으로 활용 가능한 형태로 빠르게 발전하고 있다.

AI와 한의학?

실시간 합성과 정밀 감성 표현

AI 보컬 기술의 발전은 실시간 음성 합성과 정확한 감성 표현을 중심으로 지속적인 연구가 진행되고 있다. 기존 AI 음성 합성 기술은 주로 정적인 데이터를 활용해 미리 녹음된 음성을 기반으로 음성을 생성하는 방식이었다. 하지만 최근에는 실시간으로 입력되는 데이터에 즉각적으로 반응해 음성을 생성하는 기술이 등장하며 더욱 발전하고 있다. 이러한 기술의 발전은 음악 제작뿐 아니라 실시간 상호작용이 중요한 콘텐츠 제작, 라이브 공연 및 가상 인간 인터페이스 등 다양한 분야에서의 활용 가능성을 열어주고 있다.

특히, 실시간 음성 합성 기술은 라이브 공연이나 즉흥적인 인터랙티브 콘텐츠 환경에서 매우 중요한 역할을 담당한다. 기존의 음성 합성 방식은 미리 녹음된 음성을 이어 붙이는 수준에서만 활용이 가능했지만, 최근에는 AI가 실시간으로 입력되는 신호와 정보를 분석해 즉시 음성을 생성하고 조정할 수 있는 수준까지 발전했다. 이를 가능하게 하기 위해 초저지연(low latency) 기술이 필수적이며, AI 알고리즘은 높은 처리 속도를 유지하면서도 높은 품질의 음성을 출력할 수 있도록 최적화되고 있다. 이러한 기술이 완성되면 AI 보컬은 실제 가수들과 함께 무대에서 공연을 진행할 수 있고, 즉흥적인 변화와 실시간 연주에 유연하게 대응할 수 있을 것이다.

AI 보컬 기술에서의 또 다른 중요한 발전 분야는 음성을 통한 감정 표현의 정확성이다. 기존 AI 보컬 기술은 텍스트에서 음성으로 단순 변환하는 과정에 집중했기 때문에 감정적 표현이 부족해 자연스러움이 떨어지는 문제가 있었다. 그러나 최근의 연구에서는 AI가 다양한 감정을 인식하고 이에 따라 음색, 강세, 음정, 발화 속도 등을 미세하게 조정해 보다 자연스러운 감정 표현을 가능하게 하고 있다. 예를 들어, 기쁨의 감정을 표현할 때는 보다 밝고 높은 톤과 빠른 속도를, 슬픔을 표현할 때는 상대적으로 낮은 톤과 느린 속도, 긴 음의 지속 시간 등을 구현하도록 학습한다. 이러한 감정 표현 능력은 보다 자연스러운 상호작용과 감성적 교감을 가능하게 한다.

정밀한 감정 표현을 위해서는 AI 보컬 시스템이 음운론적 특징을 철저히 분석하고, 신경망 모델의 구조를 보다 정교하게 개선하는 작업이 필수적이다. 최근 연구에 따르면 특정 음운의 길이, 높이, 강세가 감성 전달에 큰 영향을 미친다는 사실이 밝혀졌으며, 이를 AI 모델이 효과적으로 학습하고 반영할 수 있도록 다양한 실험이 진행되고 있다. 감정 표현의 과도한 왜곡을 방지하면서 자연스러움을 유지하기 위해 모델의 미세한 조정과 함께 지속적인 테스트와 검증이 이루어지고 있다. 일부 최신 연구에서는 사용자들의 피드백을 적극 반영해 AI 보컬 시스템의 감정 표현 능력을 지속적으로 개선하는 방법도 도입되고 있다.

또한 실시간 음성 합성 기술과 감정 표현 능력을 결합해 구현하기 위해서는 AI 모델의 연산 속도를 극대화하는 것이 중요하다. 현재의 딥 러닝 기반 AI 음성 합성 기술은 연산량이 많아 실시간 처리가 어려운 문제점이 있어, 모델 경량화 및 효율적인 알고리즘 개발이 필수적이다. 압축된 신경망 모델이나 GPU 등 하드웨어 가속 기술을 활용해 처리 속도를 높이는 연구가 활발히 진행 중이다. 향후 이러한 기술적 발전을 통해 AI 보컬 시스템은 공연 중 실시간으로 관객의 반응을 읽고, 즉석에서 감정과 표현 방식을 조절할 수 있는 수준까지 진화할 가능성이 있다.

이러한 기술적 발전이 이루어지면, AI 보컬 기술은 음악 산업뿐 아니라 다양한 인터랙티브 미디어 및 가상 환경에서도 폭넓게 활용될 수 있다. 가상 가수, 실시간 AI DJ, 인터랙티브 게임 더빙, 가상현실(VR)과 증강현실

(AR) 환경 등에서 더욱 자연스럽고 인간과 유사한 음성 경험을 제공할 것으로 기대된다. 이는 음악과 기술이 융합하는 새로운 형태의 콘텐츠와 서비스를 창출하며, 산업 전반에 걸쳐 혁신적인 변화를 가져올 것이다.

초개인화된 AI 보컬 서비스

AI 보컬 기술은 최근 개인화된 음성 합성 서비스로 확대되고 있으며, 개별 사용자의 음성을 정밀하게 분석하고 학습하는 기술이 주목받고 있다. 초기 AI 음성 합성 기술은 일반적인 목소리 데이터를 학습해 보편적인 음성을 제공했지만, 현대의 AI 시스템은 개인의 음색, 억양, 감정 표현 등을 학습해 보다 맞춤화된 음성을 생성할 수 있게 되었다.

개인화된 AI 보컬의 구현 과정은 우선 사용자가 제공한 음성 샘플 데이터를 수집하고 분석하는 단계에서 시작한다. AI 시스템은 이 데이터를 바탕으로 음색, 발성 패턴, 특정 발음 습관 등의 개인적 특징을 파악해 개별 사용자에게 최적화된 음성 모델을 구축한다. 이 과정에서 머신 러닝과 딥 러닝 모델이 주요한 역할을 수행하며, 피드백 기반의 반복 학습을 통해 음성 합성의 정확도와 자연스러움을 지속적으로 개선한다.

최근 연구들은 초개인화된 AI 보컬이 사용자의 감정 표현까지 효과적으로 재현할 수 있도록 발전하고 있다. 예를 들어, 사용자가 특정 감정을 강조한 음성 샘플을 제공할 경우, AI 모델은 해당 감정 표현을 학습하고, 추후 사용자 요청에 따라 해당 감정을 정교하게 구현할 수 있게 된다. 이러한 기능은 특히 음악 분야에서 유용하며, 개인 아티스트가 자신의 목소리를 활용해 다양한 감성 표현을 담은 음원을 제작할 수 있도록 지원한다.

AI 보컬 기술의 초개인화는 음악 산업 외에도 다양한 콘텐츠 제작 분야에서 활용 가능성이 크다. 개인 사용자가 자신의 음성을 기반으로 동영상 콘텐츠, 팟캐스트, 오디오북 등 다양한 매체를 제작하는 것이 가능해지며, 특히 유튜브나 SNS 같은 플랫폼에서 개인 브랜드를 강화하는 데 큰 도움을 줄 수 있다. 더 나아가, 초개인화된 AI 음성 기술은 장애인이나 노년층 같은 특수 계층의 의사소통을 보조하는 도구로 활용될 가능성도 높다.

이러한 기술의 확산과 함께 발생할 수 있는 개인정보 보호 문제는 중요한 해결 과제로 떠오르고 있다. 사용자의 음성 데이터가 무단으로 사용되거나 유출될 경우 심각한 프라이버시 침해가 발생할 수 있으며, 음성 데이터를 악의적으로 활용한 범죄 가능성도 존재한다. 이를 방지하기 위해 AI 음성 합성 기술은 데이터 수집 및 처리 과정에서 강력한 보안 및 데이터 관리 정책을 적용하고, 사용자에게 데이터 관리 권한을 부여하는 방식을 도입할 필요가 있다.

기술적인 측면에서도 해결해야 할 도전 과제들이 존재한다. 개인 맞춤형 AI 보컬을 구현하기 위해서는 대규모의 연산 능력이 요구되며, 특히 실시간 합성을 지원하기 위해서는 시스템의 처리 속도가 필수적이다. 이에 따라 연구자들은 클라우드 기반 AI 연산 기술이나 로컬 장치에서 실행 가능한 경량화된 모델 개발에 집중하고 있다. 향후 기술 발전을 통해 사용자들이 모바일 장치에서도 실시간으로 개인화된 AI 음성을 활용할 수 있을 것으로 기대된다.

AI 보컬 기술의 개인화는 단순히 기술적 발전에 그치지 않고, 사용자 경험의 혁신을 가져올 것으로 전망된다. 개인의 목소리와 개성을 반영한 AI 보컬은 미디어 제작뿐 아니라 개인의 창의적 표현 수단으로 자리 잡을 가능성이 높으며, AI 기술과 인간의 창의성이 결합해 새로운 형태의 콘텐츠와 예술 작품이 탄생할 수 있다. 앞으로의 연구와 기술 발전은 초개인화된 AI 보컬 서비스를 안정적이고 폭넓게 구현하는 데 중점을 두게 될 것이다.

차세대 AI 보컬 기술

차세대 AI 보컬 기술은 자연스러운 음성 합성, 실시간 감성 표현, 개인 맞춤형 음성 생성을 중심으로 발전하고 있다. 기존의 AI 보컬 기술은 미리 학습된 데이터를 기반으로 정해진 음성을 생성하는 방식이었으나, 최근 연구는 딥 러닝과 고도화된 알고리즘을 이용해 더욱 인간과 유사한 음성 생성을 목표로 하고 있다.

특히, 감성 표현의 정밀도가 향상되고 있다. 기존 AI 보컬은 감정을 일정하게만 표현할 수 있었기 때문에 미세한 감정의 차이를 반영하는 데 한계가 있었다. 이를 극복하기 위해 최근 연구는 감성 벡터를 활용해 감정을 더욱 세밀하게 조정할 수 있는 모델을 개발하고 있다. 예를 들어, 동일한 슬픔이라는 감정을 표현할 때도, '차분한 슬픔'이나 '강렬한 슬픔' 등 다양한 감정의 정도를 구분해 표현할 수 있도록 기술이 발전하고 있다. 이러한 접근 방식은 AI 보컬이 인간 보컬과 더욱 유사한 감정 표현을 할 수 있도록 도와준다.

실시간 음성 합성 기술 또한 발전의 중요한 축이다. 현재까지의 AI 보컬은 사전에 제작된 데이터를 기반으로 음성을 생성하는 형태가 대부분이었지만, 미래에는 공연 환경이나 청중의 즉각적인 반응에 따라 실시간으로 음성을 생성하고 조정할 수 있는 방향으로 발전할 것이다. 이를 위해서는 매우 빠른 연산 능력과 지연 시간이 짧은 시스템 설계가 필수적이다. 실시간 AI 보컬이 성공적으로 구현되면 라이브 공연에서 가수와 함께 즉흥적으로 노래하거나 청중과 상호작용하며 공연하는 등 새로운 형태의 공연이 가능해진다.

개인 맞춤형 음성 생성 기술도 빠르게 진화하고 있다. 초기 AI 보컬은 특정 가수의 목소리를 학습해 이를 기반으로 음성을 합성하는 방식이었지만, 차세대 기술은 개별 사용자의 음성을 직접 학습해 개인화된 음성을 제공하는 방식으로 발전하고 있다. 사용자의 음성 샘플을 AI가 분석하고, 이를 바탕으로 발성 습관이나 특정 억양까지 반영해 사용자만의 독특한 음성을 생성한다. 이는 일반적인 음성 합성 기술과 차별화된 개인 맞춤형 서비스를 가능하게 한다.

차세대 AI 보컬 기술의 발전 과정에서 해결해야 할 중요한 문제들도 있다. 우선, 음성 데이터의 보호와 저작권 관련 이슈가 있다. AI 보컬이 특정인의 목소리를 학습해 생성할 경우, 원본 목소리의 저작권 소유자와 합의가 이루어져야 하며, 목소리 데이터의 무단 사용과 악용을 방지하기 위한 규제와 보호 장치가 필요하다. 특히, 유명인의 목소리를 무단으로 복제하거나 조작해 가짜 콘텐츠를 생성하는 문제는 법적, 윤리적 논란의 소지가 크기 때문에 명확한 가이드라인과 기술적 보호 장치가 요구된다.

AI 보컬 기술이 정교화됨에 따라, 생성된 음성과 실제 사람의 음성을 명확히 구분할 수 있는 기술도 중요해지고 있다. 가짜 음성을 사용한 사기나 허위 정보 유포 가능성을 방지하기 위해 AI가 생성한 음성에 디지털 워터마크를 삽입하거나, 음성 인증 시스템을 더욱 정교하게 설계하는 기술이 개발 중이다. 이를 통해 AI 보컬 기술이 긍정적으로 활용되도록 유도하고, 악용을 방지할 수 있는 환경을 조성할 수 있다.

앞으로 AI 보컬 기술은 음악 산업뿐만 아니라 다양한 콘텐츠 제작 분야에서 활용될 가능성이 크다. 게임, 애니메이션, 가상현실 등 분야에서도 AI 보컬이 자연스러운 음성을 제공하면서 콘텐츠 품질을 높이는 데 기여할 수 있다. 특히, 초개인화된 맞춤형 음성 서비스는 사용자 개인의 요구에 따라 다양한 형태로 활용될 수 있으며, 새로운 형태의 미디어 경험을 제공할 수 있다. 이러한 발전은 AI 보컬이 인간 창작자와 더욱 밀접하게 협력하며 창작 과정에서 핵심적 역할을 담당하게 되는 미래를 보여준다.

참고문헌

김영(2023). 딥 러닝 기반 인공신경망 모델 최적화를 통한 음악적 표현 증강 연구 - 벨로시티 개선을 중심으로. 박사학위논문, 상명대학교.

김은지(2020). 합성곱 신경망을 이용한 한글 문자 인식. 석사학위논문, 서울대학교.

배샛별(2018). 보컬을 위한 영어딕션 연구: /r/과 /l/ 딕션을 중심으로. 석사학위 논문, 상명대학교.

유현주(2022). 인공지능의 음악 창작 사례 연구: 구글의 인공지능 마젠타 프로젝트 사례를 중심으로. ≪차세대 융합기술학회논문지≫, 6(9), 1737 1745쪽.

이수영 외(2021). 감성형 오디오북 제작을 위한 지능형 음성 합성 및 음성변환 기술 개발. 한국과학기술원.

임수빈(2017). 성악과 실용음악 보컬의 이해와 비교분석을 통한 발성 및 가창 지도 연구: 지도 사례 중심으로. 석사학위 논문, 단국대학교.

조상모(2018). 감정 보컬로지(Vocology)를 통한 발성 교정 사례 연구. 박사학위논문, 국민대학교.

최연주 외(2018). 한국어 text-to-speech(TTS) 시스템을 위한 엔드투엔드 합성 방식 연구. ≪말소리와 음성과학≫, 39-48쪽.

Goorha, Saurabh & Iyengar, Raghuram(n.d.) Voice Analytics and Artificial Intelligence: Future Directions for a Post-COVID World, https://ai.wharton.upenn.edu/white-paper/voice-analytics-and-artificial-intelligence-future-directions-for-a-post-covid-world/

Hyeong-Seok, Choi et al.(2022). NANSY++: Unified Voice Synthesis with Neural Analysis and Synthesis. arXiv, arXiv:2211.09407.

Tan, Xu et al.(2021). A Survey on Neural Speech Synthesis. arXiv. arXiv:2106.15561.

Yamamoto, Ryuichi et al.(2022). NNSVS: A Neural Network-Based Singing Voice Synthesis Toolkit. *Papers with Code.*

09
기술적 한계와 극복 방안

현재 AI 보컬 기술은 발음의 자연스러움과 감정 표현의 세밀한 조정에 한계가 있다. 특히 고품질의 학습용 음성 데이터가 부족해 정교한 모델 구축이 어렵고, 실시간 합성 속도와 정확도에서도 기술적 개선이 지속적으로 필요하다.

AI와 화장품?

기술적 과제와 해결 방안

AI 보컬 기술은 최근 급격한 발전을 이루었으나 여전히 기술적으로 극복해야 할 여러 한계들이 존재한다. 먼저, 음성 합성의 자연스러움 측면에서 현재 기술은 인간의 실제 음성과 완벽히 동일한 자연스러움을 제공하지 못하고 있다. 특히 발음의 정확성과 음운 변화의 미세한 표현에서 차이를 보인다. 예를 들어, 한국어의 연음이나 경음화 같은 미묘한 음운 현상은 현재의 AI 보컬이 완벽하게 재현하지 못하는 경우가 많으며, 이는 듣는 이로 하여금 기계적이고 부자연스럽다는 느낌을 줄 수 있다.

감성 표현의 한계도 중요한 문제이다. AI 보컬은 기본적인 감정을 표현할 수 있으나, 인간의 목소리가 표현할 수 있는 미세한 감정 변화를 정밀하게 구현하는 데 어려움이 있다. 같은 감정이라도 개인마다 표현하는 방식이 다르고, 상황과 문맥에 따라 감정의 강도와 음색이 달라지는데, AI 시스템이 이를 모두 반영하는 데는 아직 한계가 있다. 감정 표현의 다양성을 확보하기 위해서는 고품질의 감정 데이터세트를 구축하는 것이 필요하나, 실제로 다양한 감정과 상황을 충분히 담은 데이터는 여전히 부족한 상태이다.

AI 보컬의 실시간 처리 능력 역시 기술적인 과제다.

음성을 합성하는 과정에서 모델이 복잡한 계산 과정을 거치기 때문에, 실시간 환경에서 딜레이 없이 자연스러운 음성을 합성하는 것이 어렵다. 이는 특히 공연, 라이브 방송, 인터랙티브 콘텐츠 제작 같은 환경에서 문제가 된다. 실시간 음성 합성을 구현하기 위해서는 모델을 경량화하거나, 처리 속도를 획기적으로 높이는 기술 개발이 필수적이다. 현재 연구자들은 실시간 성능을 높이기 위해 압축된 신경망 모델을 도입하거나, 하드웨어 가속 기술을 활용하는 방안을 검토하고 있다.

다국어 지원과 언어별 음성 특성 반영에도 어려움이 있다. 대부분의 AI 보컬 시스템은 특정 언어 기반으로 학습되고 있으며, 이를 다른 언어로 확장하는 과정에서 자연스러운 발음을 구현하기 어렵다. 예를 들어 영어, 한국어, 일본어 등 각 언어의 독특한 발음 구조와 음운 현상을 정확히 학습하고 재현하려면, 언어별로 특화된 모델이나 충분한 데이터가 필요하다. 이로 인해 다국어 환경에서 하나의 AI 모델이 다양한 언어를 자연스럽게 소화하기 위해서는 상당한 추가적인 학습과 데이터 확보 과정이 필요하다.

사용자 맞춤형 AI 보컬 개발 또한 중요하지만 기술적 난제가 있다. 개인의 목소리를 AI가 학습해 맞춤형으로 합성하려면, 개인의 음성을 기반으로 신속하고 정밀하게 모델을 훈련하는 기술이 요구된다. 하지만 개인별 음성 데이터를 수집하고 이를 빠르게 처리해 만족할 만한 수준의 품질을 제공하는 데는 아직 기술적 한계가 있다. 더욱이 개인의 음성을 사용한 AI 모델이 악용되지 않도록 데이터 보안과 프라이버시 문제에 대한 확실한 해결책도 필요하다.

마지막으로 AI 보컬이 생성한 음성과 실제 인간의 음성을 신뢰성 있게 구분할 수 있는 기술적 장치도 중요하다. 최근 AI 음성 합성이 실제 음성과 거의 구별되지 않는 수준으로 발전하면서, 이를 악용한 가짜 음성 메시지나 범죄 사례도 등장하고 있다. 이를 방지하기 위해 AI로 합성된 음성을 탐지하고 구분할 수 있는 디지털 워터마크 기술이나 AI 탐지 기술 개발이 필수적이며, 이는 기술적으로도 난이도가 높은 과제다.

이러한 기술적 한계를 극복하기 위해서는 앞으로 더욱 심화된 연구와 개발이 필요하며, AI 보컬 기술이 현실적으로 광범위하게 활용되기 위해서는 음성의 자연스러움, 정밀한 감정 표현, 실시간 처리 능력, 다국어 지원 능력 등 다양한 분야에서의 지속적인 기술적 혁신이 요구된다.

AI 보컬의 데이터 부족 문제

AI 보컬 기술의 발전은 고품질의 대규모 학습 데이터 확보에 크게 의존한다. 그러나 충분한 양과 품질의 음성 데이터를 구축하는 것은 여러 현실적인 어려움으로 인해 쉽지 않은 과제로 남아 있다. AI 음성 합성 시스템의 품질을 결정하는 가장 중요한 요소 중 하나는 데이터세트의 다양성과 완성도이며, 이러한 데이터 부족 문제는 특히 한국어 같은 특정 언어에서 더욱 두드러진다.

AI 보컬 학습 데이터를 확보하는 데 어려움이 발생하는 첫 번째 이유는 데이터 수집 과정에서의 저작권 문제이다. 많은 음성 데이터는 특정 가수나 성우의 목소리로 구성되어 있고, 이 데이터를 상업적으로 사용하기 위해서는 라이선스 협상이 필요하다. 음성 데이터의 소유자가 명확하지 않거나 라이선스 비용이 너무 높을 경우, 데이터세트 구축 자체가 불가능해질 수 있다. 이로 인해 연구자들은 주로 오픈 라이선스나 공개된 음성 데이터세트에 의존하지만, 이런 데이터는 특정 스타일이나 음색으로 편중되어 있어 다양한 표현력 학습에 제한이 있다.

두 번째 문제는 데이터의 질적 측면, 특히 감정 표현이 담긴 데이터가 부족하다는 것이다. AI가 다양한 감정을 자연스럽게 표현하려면, 단순히 텍스트를 읽는 것이 아닌 감정이 풍부하게 표현된 실제 음성 데이터가 필요하다. 그러나 대부분의 공개 음성 데이터는 감정 표현 없이 일정한 톤으로 읽힌 문장 데이터가 많다. 예를 들어, 음악에서 중요한 감정인 '애절함'이나 '환희' 같은 복잡한 감정을 정확히 표현하는 데이터를 찾기 어렵다. 이로 인해 현재 AI 모델들은 미세한 감정 변화를 효과적으로 학습하지 못하고 있으며, 결과적으로 생성된 보컬은 인간의 표현력에 미치지 못하는 경우가 많다.

세 번째 문제는 언어별 특성 반영의 부족이다. 다국어 AI 보컬 시스템의 개발이 활발히 이루어지고 있지만, 각 언어가 지닌 고유의 발음 특징과 억양을 충분히 학습할 수 있는 데이터는 한정적이다. 한국어의 경우 자음과 모음 결합이 복잡하고 억양 변화가 다채롭기 때문에, 이를 학습할 수 있는 데이터가 충분하지 않으면 AI 보컬이 부자연스러운 발음을 내거나 의사소통에 어려움을 겪게 된다. 특히 한국어 특유의 연음이나 경음화 같은 음운 현상을 반영한 데이터세트 구축이 미흡하면, AI 보컬의 발음이 실제 인간과 큰 차이를 보일 수 있다.

이러한 데이터 부족 문제를 해결하기 위해 연구자들은 여러 가지 방안을 추진하고 있다. 첫 번째 접근법으로, 크라우드소싱(crowdsourcing)을 통해 일반인들로

부터 음성 데이터를 수집하는 방법이 있다. 이 방식은 다양한 연령대와 지역 출신의 참가자들로부터 음성을 제공받아 데이터의 다양성을 확보할 수 있다. 예를 들어, 참여자들이 스마트폰 앱이나 웹 사이트를 통해 특정 문장을 다양한 감정과 억양으로 녹음하도록 유도하는 방식이 있다. 그러나 이 방식은 참가자의 참여율과 데이터 품질 관리 등 추가적인 관리 비용이 발생할 수 있다.

두 번째는 데이터 증강(Data Augmentation) 기법을 사용하는 것이다. 데이터 증강은 기존의 음성 데이터를 인위적으로 변형해 새로운 데이터를 생성하는 기술로, 음의 높낮이를 조정하거나, 재생 속도를 변경하거나, 인공 잡음을 추가하는 등의 방법이 있다. 이러한 접근 방식은 특히 소규모 데이터세트를 가진 경우 데이터의 다양성을 쉽게 확대할 수 있으며, 학습 모델의 일반화 능력을 높일 수 있는 효과가 있다.

세 번째로, 합성 음성을 활용하는 방법이다. 이미 확보한 소량의 음성 데이터를 기반으로 AI 모델이 합성한 음성을 추가로 생성해 학습 데이터로 사용하는 방식이다. 최근 합성 음성 기술이 발전하면서, 합성 음성과 실제 음성의 품질 격차가 좁혀지고 있어 이 방법이 현실적인 해결책이 될 가능성이 커지고 있다. 다만, 합성 음성의 품질을 높이기 위한 추가적인 기술적 연구가 필요하며, 자연스러움을 유지하면서 합성 데이터를 생성하는 것이 중요한 과제가 된다.

마지막으로, 음성 데이터의 저작권 문제를 완화하기 위해 오픈 라이선스 기반의 데이터세트 구축을 활성화하는 방법이 있다. 정부나 공공기관, 연구 단체가 협력해 법적 문제가 없는 대규모 공공 음성 데이터세트를 구축하고 배포함으로써 연구자들이 자유롭게 사용할 수 있는 환경을 만드는 것이다.

AI 보컬 기술이 더 자연스럽고 표현력이 풍부한 수준으로 발전하려면 데이터 부족 문제를 극복하는 것이 필수적이다. 이를 위해 크라우드소싱, 데이터 증강, 합성 음성 활용, 오픈 라이선스 데이터세트 구축 같은 다양한 전략을 지속적으로 추진해야 한다.

AI 보컬 기술의 신뢰성 확보

AI 보컬 기술이 실용적이고 신뢰할 수 있는 시스템으로 정착하기 위해서는 음성 합성 품질과 기술적 안정성을 보장하는 것이 필수적이다. 현재 AI 보컬 시스템은 딥 러닝 기반의 신경망을 활용해 높은 수준의 음성 합성을 구현하고 있지만, 여전히 몇 가지 기술적 한계를 극복해야 한다. 그중에서도 발음 정확성, 자연스러운 억양과 감성 표현의 일관성, 예상하지 못한 오류를 최소화하는 문제가 주요한 연구 과제로 남아 있다.

먼저 AI 보컬 기술의 신뢰성을 높이는 데 가장 중요한 요소는 발음의 정확성을 향상시키는 것이다. AI가 음성을 생성할 때 단어나 문장 내에서 음소 간 연결 같은 세부적인 발음 요소를 정확히 구현하지 못하면 부자연스러운 결과가 나타난다. 이를 극복하기 위해 연구자들은 언어의 음운론적 특성을 심층적으로 분석하고, 이를 AI 모델 학습 과정에 반영하는 방식을 사용하고 있다. 한국어를 예로 들면, 자음 동화 현상이나 경음화 현상 같은 언어 특유의 발음 변화를 정확히 학습시키기 위한 데이터세트를 구축해, 보다 인간과 유사한 자연스러운 음성을 생성할 수 있도록 모델을 개선하고 있다.

AI 보컬의 자연스러운 억양과 감성 표현을 일관되게 유지하는 것도 신뢰성 확보를 위한 중요한 과제다. 사람의 음성은 문맥이나 감정 상태에 따라 억양과 강세가 미묘하게 달라지는데, 기존 AI 모델은 특정 감정을 표현하는 데 지나치게 과장되거나 부자연스러운 억양을 생성하는 경우가 있다. 이를 해결하기 위해 최근 연구에서는 다양한 감정 상태가 반영된 음성 데이터를 활용해 감성 표현의 세밀함을 높이는 방법을 채택하고 있다. 예를 들어, 같은 문장이라도 슬픔과 분노라는 다른 감정을 표현할 때 AI 모델이 강세, 음높이, 발화 속도 등의 차이를 학습해 자연스럽게 구분할 수 있도록 하는 연구가 이루어지고 있다.

또한 AI 보컬 시스템의 오류를 최소화하기 위한 사후처리 기술 개발도 활발히 진행되고 있다. AI 음성 합성 모델은 때로 데이터 부족이나 학습 과정의 불완전성으로 인해 특정 단어나 문장에서 예측하지 못한 발음 오류나 음성 왜곡이 발생할 수 있다. 이를 실시간으로 탐지하고 자동 수정하는 알고리즘이 개발되고 있는데, 예를 들어 생성된 음성의 스펙트럼이나 음소 간 간격을 분석해 이상 현상을 감지한 후 즉각적인 수정을 통해 음성 품질을 개선하는 방식이다. 이는 특히 실시간 음성 합성을 필요로 하는 라이브 공연이나 실시간 대화형 서비스에서 매우 중요한 기술적 발전이다.

AI 보컬의 신뢰성 확보를 위해 객관적인 품질 평가 시스템 구축도 요구된다. 기존의 품질 평가 방법인 MOS 평가는 청취자의 주관적 의견에 의존하기 때문에 일관성 있는 결과를 얻기 어려웠다. 최근에는 보다 객관적이고 정량적인 평가 방법으로 AI 음성 합성 결과물의 음질,

발음 정확도, 감정 표현의 정확성 등을 측정하는 알고리즘이 개발되고 있다. 예컨대 AI가 생성한 음성과 실제 인간 음성을 음향적으로 분석해 유사성이나 자연스러움 정도를 객관적인 지표로 나타낼 수 있는 평가 시스템을 구축하는 연구가 진행 중이다.

마지막으로 AI 보컬 기술이 안정적이고 신뢰성 있게 사용되기 위해서는 데이터 보안과 개인정보 보호 문제를 해결하는 것이 필수적이다. AI가 학습하는 음성 데이터는 종종 민감한 개인 정보와 연결될 수 있기 때문에 데이터의 안전한 관리와 사용자의 동의 절차가 명확히 이루어져야 한다. 최근 연구자들은 AI 보컬 시스템이 생성한 음성에 고유의 디지털 워터마크를 삽입해 원본과의 구분을 명확하게 하고, 데이터 유출이나 악용을 방지하는 기술적 방안을 마련하고 있다.

이처럼 발음 정확성 향상, 감성 표현의 일관성 확보, 오류 최소화 기술, 객관적인 품질 평가 시스템 구축, 그리고 데이터 보안 및 윤리적 기준 설정 같은 다방면의 연구가 병행되어야 AI 보컬 기술은 실용적이고 신뢰할 수 있는 시스템으로 정착될 수 있을 것이다.

참고문헌

과학기술정보통신부(2023). 인공지능 음성 합성 기술의 신뢰성 확보를 위한 연구. 국가정보화기본계획 연구보고서.

김도경(2020). 프레임단위특징과 발음단위특징을 통합하는 Attention Mechanism을 이용한 음성감정 인식 연구. 석사학위논문, 한양대학교.

김아름(2022). 한국어 자동 음성 인식의 오류 유형에 대한 음운론적 연구. 박사학위논문, 서울대학교.

김영(2023). 딥 러닝 기반 인공신경망 모델 최적화를 통한 음악적 표현 증강 연구 - 벨로시티 개선을 중심으로. 박사학위논문, 상명대학교.

김은지(2020). 합성곱 신경망을 이용한 한글 문자 인식. 석사학위논문, 서울대학교.

최성락(2008). 마코프 체인 모델과 몬테칼로 시뮬레이션 모델을 결합한 자동작곡 연구 모델의 개발에 관한 연구. 박사학위논문, 상명대학교.

Choi, D. et al.(2024). 인공지능 음성 합성의 자연스러운 억양 구현을 위한 연구. ≪한국음향학회지≫, 43(2), 158-171쪽.

Jeong, W. & H. Lee(2023). 음성 합성의 품질 평가 지표 개발과 적용: AI 보컬 시스템 평가를 중심으로. ≪정보과학회논문지≫, 50(4), 412-428쪽.

Kim, J. & S. Lee(2023). Technical Limitations in AI Voice Synthesis: Challenges in Naturalness and Emotional Expression. *IEEE/ACM Transactions on Audio, Speech, and Language Processing*, 31(4), pp.1152-1168.

Lee, M. & C. Garcia(2024). 음성 합성 기술의 한계와 발전 방향: AI. 한국전자정보통신연구소.

10
AI와 인간의 공존

AI 보컬 기술은 음악 창작 방식에 변화를 가져오며, 인간 음악가와 협력하는 새로운 형태의 창작 모델을 제시하고 있다. 기존에는 보컬리스트가 필수적이었지만, AI 보컬을 활용하면 다양한 음색과 스타일을 실험하며 창작의 자유도가 증가한다. 일부 아티스트는 AI 보컬과 협업해 새로운 장르를 개척하고 있으며, 음악 산업 전반에서 AI의 활용 범위가 확대되고 있다. 향후 AI와 인간 음악가가 상호 보완적인 관계를 형성하며 공존하는 방식이 더욱 발전할 것으로 예상된다.

종교와 AI?

미래의 음악 생태계

AI 보컬 기술이 음악 산업에 미치는 영향은 점점 더 깊어지고 있으며, 인간과 AI의 협력 방식도 다변화되고 있다. 초기 AI 보컬은 단순히 특정 목소리를 흉내 내거나 미리 학습된 데이터로 음성을 합성하는 수준에 머물렀지만, 최근에는 감정 표현, 창의적 해석, 실시간 상호작용까지 가능하도록 발전하고 있다. 이러한 기술 발전은 기존의 음악 창작 방식과 결합하면서 새로운 창작 환경을 만들어 내고 있으며, 음악가와 제작자들이 AI를 활용하는 방식도 점점 다양해지고 있다.

AI 보컬이 음악 창작 과정에서 중요한 역할을 하게 되면서, 작곡가와 가수의 역할 또한 변화하고 있다. 전통적으로 음악 제작은 작곡가가 곡을 만들고 가수가 이를 노래하는 방식으로 진행되었지만, AI 보컬이 도입되면서 제작 과정이 훨씬 유연해졌다. 예를 들어, 가수들은 자신의 목소리를 AI에 학습시켜 다양한 스타일로 변형하거나 다채로운 감정 표현을 적용할 수 있으며, 작곡가들은 AI 보컬을 이용해 곡을 빠르게 시뮬레이션하고 다양한 보컬 스타일을 실험할 수 있다. 이는 창작자들에게 더 많은 창작의 자유를 제공하며, 기존의 한계를 넘어선 새로운 음악적 시도를 가능하게 만든다.

AI 보컬 기술은 단순한 녹음된 음원 제작뿐만 아니라, 라이브 공연에서도 점점 더 활용될 가능성이 높아지고 있다. 현재 일부 아티스트들은 AI 보컬을 백킹 보컬(backing vocals)로 활용하거나, 라이브 퍼포먼스 중 일부를 AI가 실시간으로 생성하는 형태로 공연을 구성하고 있다. 이는 가수의 부담을 줄이는 동시에 보다 다양한 무대 연출이 가능하도록 돕는다. 또한 가상 아티스트(Virtual Idol)나 AI 기반의 디지털 싱어가 점차 대중화되면서, AI 보컬이 새로운 음악 소비문화를 형성하는 데 중요한 역할을 하게 될 것으로 예상된다.

AI 보컬 기술의 발전은 음악 산업에 긍정적인 변화를 가져오면서도 예술의 본질과 가치에 대한 근본적인 질문을 제기한다. AI가 인간과 구별하기 어려운 수준의 음악을 만들어 낼 수 있다면, 음악에서 '인간적 요소'의 가치는 어떻게 재정의 될 것인가? 또한 AI 보컬 기술이 대중화됨에 따라 백업 보컬리스트나 데모 싱어 같은 특정 역할의 필요성이 줄어들어 일자리 감소에 대한 우려도 있다. 따라서 AI와 인간의 공존은 기술 발전뿐만 아니라 사회적 합의와 정책적 뒷받침을 통해 균형을 찾아가는 과정이 될 것이다.

AI 보컬 기술은 음악 제작의 접근성을 높인다. 과거에는 고품질 음악을 제작하려면 전문적인 스튜디오와 장비가 필요했지만, AI 보컬을 활용하면 누구나 손쉽게 음악을 창작하고 배포할 수 있다. 특히 독립 음악가나 신진 아티스트들에게 새로운 기회를 제공하며, 음악적 실험과 창작을 더욱 자유롭게 할 수 있도록 돕는다. 또한 AI 기술을 활용한 개인 맞춤형 음악 서비스도 확대될 가능성이 크며, 사용자의 선호도에 따라 맞춤형 보컬을 즉각적으로 제공하는 서비스가 등장할 것으로 보인다.

그러나 AI 보컬이 보편화됨에 따라 해결해야 할 과제도 많다. 가장 큰 문제는 저작권과 윤리적 문제다. AI 보컬이 특정 가수의 목소리를 모방하거나 기존 스타일을 학습하는 과정에서 원작자의 권리를 보호할 방법이 필요하다. 또한 AI가 만든 음원이 원작자의 의도와 다르게 사용될 가능성도 있으며, 이를 방지하기 위한 법적 장치와 기술적 대응이 요구된다. AI가 인간 가수의 목소리를 대체할 수준으로 발전하면 기존 음악가들의 역할과 직업 안정성에도 영향을 미칠 수 있어 이에 대한 논의가 지속되어야 한다.

미래의 음악 생태계에서는 AI 보컬과 인간 가수가 조화를 이루며 발전해야 한다. AI는 단순한 도구가 아니라 인간의 창의성을 확장하는 역할을 수행하며, 이를 통해 더욱 풍부하고 다채로운 음악적 표현이 가능해질 것이다. AI 보컬이 기존의 음악 제작 방식을 단순히 대체하는 것이 아니라, 새로운 창작 방식을 도입하고 인간 창작자와 협력하는 방향으로 발전할 수 있도록 연구와 논의가 계속되어야 한다.

AI 보컬 기술이 음악 산업에서 차지하는 비중이 커지는 만큼, 향후 AI와 인간이 조화를 이루며 공존할 방안을 마련하는 것이 중요하다. 이를 위해 창작자, 기술 개발자, 법률 전문가들이 협력해 AI 보컬이 윤리적으로 활용될 수 있도록 가이드라인을 정립해야 한다. 또한 기술 발전이 인간 창작자에게 긍정적인 영향을 미칠 수 있도록 방향을 설정할 필요가 있다. AI 보컬의 발전과 함께 음악 산업의 구조도 변화할 것이며, 이에 대한 논의가 더욱 활발해질 것으로 예상된다.

AI 보컬 기술의 발전은 인간 창작자의 역할을 위협하는 것이 아니라, 새로운 음악적 가능성을 제공하는 도구로 자리 잡을 가능성이 크다. AI 보컬을 활용하면 더욱 다양한 음악적 표현이 가능해지고, 창작 과정의 효율성이 향상되며, 새로운 스타일과 장르가 탄생할 기회가 열린다. AI와 인간 창작자가 협력해 음악의 새로운 미래를 만들어 갈 수 있도록, 기술적 발전과 함께 윤리적 · 법적 논의가 균형 있게 이루어져야 한다.

AI 보컬 기술의 사회적 영향

AI 보컬 기술의 발전은 음악 산업뿐만 아니라 사회 전반에 걸쳐 다양한 영향을 미치고 있으며, 인간과 AI가 공존하는 방식에 대한 논의가 필요해지고 있다. AI 보컬 기술은 기존의 음악 제작 방식을 혁신하고, 창작의 접근성을 높이며, 새로운 형태의 디지털 콘텐츠 제작을 가능하게 한다. 특히, 전통적으로 높은 비용과 전문적인 기술이 요구되던 음원 제작이 AI 보컬을 통해 더욱 효율적이고 접근 가능하게 변화하고 있다. 이러한 변화는 음악 산업의 구조를 재편하고 있으며, AI 보컬이 기존 가수의 역할을 일부 대체하거나 보완하는 현상이 점차 뚜렷해지고 있다.

AI 보컬 기술이 가져온 가장 큰 변화 중 하나는 음악 제작 과정의 자동화와 효율성 향상이다. 과거에는 음원을 제작하기 위해 가수가 직접 녹음실에서 수차례 녹음을 진행해야 했지만, AI 보컬을 활용하면 별도의 녹음 과정 없이도 고품질의 보컬 트랙을 생성할 수 있다. 이는 음반 제작 비용을 절감하고, 콘텐츠 제작 시간을 단축하는 효과를 가져온다. 또한 특정 가수의 음색과 발성을 학습한 AI가 실제 가수와 유사한 음성을 구현할 수 있기 때문에, 기존의 곡을 AI 보컬을 통해 새롭게 재해석하는 프로젝트도 늘어나고 있다. 예를 들어, 생전에 활동했던 가수의 목소리를 AI가 복원해 새로운 음원을 발표하는 사례가 등장하고 있으며, 이는 음악 산업 내에서 새로운 형태의 콘텐츠 소비 방식으로 자리 잡고 있다.

AI 보컬 기술의 발전은 음악 소비 방식의 변화에도 영향을 미치고 있다. 기존의 음악 산업은 가수와 음반 기획사가 중심이 되어 곡을 제작하고 유통하는 방식이었지만, AI 보컬이 등장하면서 누구나 음악을 쉽게 제작하고 배포할 수 있는 환경이 조성되었다. 이는 유튜브, 틱톡, 인스타그램 같은 디지털 플랫폼과 결합해 새로운 음악 소비 트렌드를 형성하고 있으며, 특히 AI 보컬을 활용한 창작 콘텐츠가 폭발적으로 증가하는 추세다. 또한 AI 기반 가상 아티스트와 버추얼 아이돌이 등장하면서 음악 시장의 중심이 기존의 인간 아티스트에서 AI 기반 콘텐츠로 이동하는 흐름도 관찰되고 있다. AI 가수들은 실제 인간 가수처럼 음원을 발표하고, 팬들과 소통하며, 심지어 라이브 스트리밍 공연까지 진행하고 있으며, 이는 음악 산업의 미래에 대한 새로운 논의를 촉발하고 있다.

AI 보컬 기술이 음악 산업을 넘어 다양한 분야에서 활용되는 사례도 늘어나고 있다. 예를 들어, 교육 분야에서는 AI 보컬을 활용한 외국어 학습 프로그램이 개발되고 있으며, 학습자들은 AI가 제공하는 다양한 억양과 발음을 활용해 보다 효과적으로 언어를 습득할 수 있다. 또한 의료 분야에서는 음성 장애를 겪는 환자들을 위한 보조 음성 기술로 활용되면서, 환자가 자신의 목소리와 유사한 AI 보컬을 통해 자연스러운 의사소통을 할 수 있도록 지원하는 기술이 연구되고 있다. AI 보컬은 광고, 내비게이션, 가상 비서 등 다양한 산업에서도 사용되면서, 인간의 음성을 대체하는 역할을 수행하고 있으며, 이는 향후 AI 보컬의 활용 범위가 더욱 확대될 가능성을 보여준다.

그러나 AI 보컬 기술이 대중화되면서 저작권과 윤리적 문제가 새로운 과제로 떠오르고 있다. AI 보컬이 특정 가수의 음성을 학습해 유사한 보컬을 생성할 경우, 원본 아티스트의 권리를 어떻게 보호할 것인가에 대한 논의가 필요하다. 일부 AI 보컬 모델은 기존의 가수 목소리를 그대로 재현하는 수준에 도달했으며, 이 과정에서 원작자의 동의 없이 음성이 사용될 경우 법적 문제가 발생할 수 있다. 또한 AI 보컬이 생성한 음악이 원작자의 창의성과 감성을 충분히 반영할 수 있는지에 대한 논의도 필요하다. AI가 단순히 패턴을 학습해 음악을 만드는 것이 아니라, 창작자의 개성과 음악적 해석을 유지하면서 협력하는 방식으로 발전해야 한다는 목소리가 나오고 있다.

AI 보컬 기술이 사회적으로 긍정적인 변화를 가져오는 동시에, 기존 음악가와 성우, 보컬리스트들에게 위협이 될 가능성도 제기되고 있다. AI 보컬이 음악 제작에 적극적으로 활용될수록, 전통적인 방식으로 활동하던 음악가들의 역할이 줄어들 수 있으며, 이는 새로운 음악 시장에서 인간 창작자의 입지를 약화시킬 수 있다. 따라서 AI 보컬이 인간 가수를 완전히 대체하는 것이 아니라, 창작 도구로서 기능하도록 하는 방향이 필요하며, 인간과 AI가 조화를 이루며 협력할 수 있는 구조를 마련하는 것이 중요하다.

AI 보컬 기술이 더욱 발전하고 사회에 깊숙이 자리 잡기 위해서는 법적, 윤리적 가이드라인이 마련되어야 하며, AI와 인간 창작자가 공존할 수 있는 시스템이 구축되어야 한다. 기술 발전이 인간 창작자들에게 긍정적인 영향을 미칠 수 있도록, AI 보컬이 창작의 도구로 활용될 수 있는 방법을 모색해야 한다. 또한 AI 보컬이 악용되지 않도록 보호 장치를 마련하고, AI로 생성된 콘텐츠가 명확하게 표시될 수 있는 시스템도 필요하다. AI 보컬 기술이 인간과 조화를 이루며 지속 가능한 방식으로 발전한다면, 음악을 비롯한 다양한 산업에서 혁신적인 변화를 이끌어갈 수 있을 것이다.

결과적으로, AI 보컬 기술은 음악 창작의 방식을 혁신하고, 다양한 분야에서 새로운 가능성을 열어가고 있으며, 앞으로도 발전 가능성이 무궁무진하다. 다만, 기술이 무분별하게 확산될 경우 기존의 음악 생태계와 창작자의 권리를 위협할 가능성이 있는 만큼, 기술 발전과 사회적 논의가 균형을 이루는 방향으로 나아가야 한다. AI 보컬이 인간의 창의성을 보완하고 협력하는 도구로 자리 잡을 수 있도록, 법적, 윤리적, 기술적 대응이 함께 이루어져야 하며, 이를 통해 AI 보컬이 음악 산업뿐만 아니라 다양한 분야에서 긍정적인 변화를 이끌어가는 데 기여할 수 있을 것이다.

AI 보컬과 인간 음악가의 공존

AI 보컬 기술이 발전하면서 음악 산업과 창작 방식에 혁신적인 변화를 가져오고 있다. 기존의 음악 창작은 작곡가, 편곡자, 보컬리스트가 협업해 곡을 제작하는 방식이었으나, AI 보컬 기술의 도입으로 창작 과정이 보다 효율적이고 유연하게 변화하고 있다. AI 보컬은 단순한 보조 도구를 넘어 창작의 일부로 기능하며, 음악가들이 다양한 스타일을 실험하고 창작의 폭을 넓히는 데 기여하고 있다. 이러한 변화는 AI와 인간 음악가가 상호 보완적으로 협력할 수 있는 가능성을 열어주며, 새로운 음악 생태계를 형성하는 계기가 되고 있다.

AI 보컬 기술이 제공하는 가장 큰 이점 중 하나는 창작 과정의 효율성을 높이는 것이다. 과거에는 곡을 제작하기 위해 보컬리스트가 직접 스튜디오에서 녹음을 진행해야 했지만, AI 보컬을 활용하면 이 과정을 대체하거나 보완할 수 있다. 특히 가이드 보컬이 필요한 경우, AI를 활용하면 빠르게 가이드 트랙을 생성할 수 있으며, 이는 작곡가나 프로듀서가 보다 신속하게 곡을 완성하는 데 도움을 준다. 또한 특정 보컬리스트의 음성을 학습한 AI 모델을 활용하면 기존에 존재하지 않는 새로운 음색을 창출할 수 있으며, 이를 통해 전통적인 방식으로는 실현하기 어려웠던 음악적 실험이 가능해진다.

AI 보컬과 인간 음악가의 협력은 라이브 공연과 퍼포먼스 분야에서도 확장되고 있다. 최근 일부 아티스트들은 AI 보컬을 백업 보컬이나 하모니 파트에 활용하는 등, 공연의 완성도를 높이는 방식으로 사용하고 있다. AI가 생성한 보컬과 인간 가수가 함께 듀엣을 부르는 형식의 공연도 점점 증가하고 있으며, 이는 청중에게 새로운 형태의 음악적 경험을 제공한다. 또한 AI 보컬을 기반으로 한 가상 아티스트와 인간 가수가 협력하는 사례도 늘어나고 있다. 가상 아이돌이나 AI 기반의 음악 그룹이 음원을 발표하고 활동하는 사례가 증가하고 있으며, 이는 AI 보컬이 음악 시장에서 점차 중요한 역할을 차지하고 있음을 보여준다.

AI 보컬이 음악 산업에서 새로운 비즈니스 모델을 창출하고 있다는 점도 주목할 만하다. AI 기반의 가상 아티스트는 음반을 발매하고, 팬들과 소통하며, 심지어 온라인 콘서트나 라이브 스트리밍 공연을 진행하는 방식으로 운영되고 있다. 이는 기존의 음악 산업에서 가수와 프로듀서가 담당했던 역할을 AI가 대체하는 것이 아니라, 새로운 형태의 음악 소비문화를 만들어 가는 과정으로 볼 수 있다. 또한 AI 보컬 기술을 활용한 개인 맞춤형 음악 제작 서비스도 등장하고 있다. 사용자가 자신의 목소리를 AI 모델에 학습시키면, AI가 이를 기반으로 보컬 트랙을 생성하는 방식이다. 이를 통해 개별 음악 창작자나 비전문가도 보다 쉽게 음악을 제작할 수 있는 환경이 조성되고 있다.

그러나 AI 보컬이 인간 음악가와 조화롭게 공존하기

위해서는 해결해야 할 과제도 존재한다. 첫째, AI 보컬이 기존 음악가들의 목소리를 학습하는 과정에서 발생할 수 있는 저작권 및 윤리적 문제를 명확히 규정해야 한다. AI 보컬이 특정 가수의 음색을 재현하는 기술이 발전하면서, 원작자의 권리를 어떻게 보호할 것인지에 대한 법적 기준이 필요하다. 둘째, AI 보컬이 인간 가수의 역할을 대체하는 것이 아니라, 창작의 도구로 활용될 수 있도록 산업 구조를 조정하는 것이 중요하다. AI가 보컬리스트의 역할을 완전히 대체할 경우, 기존 음악가들의 생태계가 위협받을 수 있으며, 이는 음악 창작의 다양성을 저해할 수도 있다. 따라서 AI 보컬이 인간 음악가와 협력할 수 있는 방식으로 활용될 수 있도록 정책적 지원과 가이드라인이 마련되어야 한다.

AI 보컬 기술이 발전함에 따라, 음악 창작자의 역할도 변화하고 있다. 작곡가와 보컬리스트는 AI를 활용해 새로운 스타일을 실험하고, 보다 창의적인 방식으로 음악을 제작할 수 있는 기회를 얻고 있다. 또한 AI와 협력해 보다 세밀한 감성 표현이 가능해지고 있으며, 이를 통해 인간 가수의 역량을 보완하는 방향으로 발전하고 있다. AI 보컬이 제공하는 기술적 이점을 적극 활용하면, 보다 독창적이고 실험적인 음악을 창작하는 데 도움이 될 것이며, 음악 시장의 다양성과 창의성을 촉진하는 역할을 할 것이다.

향후 AI 보컬과 인간 음악가의 협력이 더욱 활성화되기 위해서는, AI 보컬이 단순한 보조 기술이 아니라 창작의 한 부분으로 기능할 수 있도록 연구가 지속적으로 이루어져야 한다. AI 보컬이 인간의 창의성을 증대시키고, 새로운 음악적 시도를 지원하는 도구로 자리 잡을 경우, AI와 인간이 함께 만들어 가는 새로운 음악 문화가 형성될 가능성이 높다. 이를 위해서는 기술적 발전뿐만 아니라, 음악 산업의 변화와 법적, 윤리적 논의가 함께 진행되어야 하며, AI 보컬이 인간과 조화를 이루며 긍정적인 방식으로 활용될 수 있도록 하는 노력이 필요하다.

결론적으로, AI 보컬 기술의 발전은 음악 창작 방식에 새로운 가능성을 열어주고 있으며, 인간 음악가와 AI의 협력을 통해 더욱 다채로운 음악이 만들어질 수 있는 환경을 조성하고 있다. AI 보컬이 창작 도구로 자리 잡으면, 음악가들은 이를 활용해 보다 창의적인 실험을 할 수 있으며, AI가 제공하는 새로운 보컬 스타일을 통해 기존 음악에서 벗어난 새로운 장르와 표현을 시도할 수 있을 것이다. 다만, AI 보컬이 인간 창작자의 역할을 완전히 대체하지 않도록 조화로운 협력 방안을 모색하는 것이 중요하며, AI 보컬 기술이 음악 산업의 혁신을 이끌어가는 과정에서 윤리적, 법적 문제를 해결할 수 있는 체계적인 대책이 마련되어야 한다. AI 보컬과 인간이 함께 만들어 가는 미래의 음악 생태계는 더욱 창의적이고 혁신적인 방향으로 발전할 것이며, 이를 통해 음악 산업 전반이 보다 유연하고 개방적인 방식으로 변화할 것으로 기대된다.

참고문헌

유현주(2022). 인공지능의 음악 창작 사례 연구: 구글의 인공지능 마젠타 프로젝트 사례를 중심으로. ≪차세대 융합기술학회논문지≫, 6(9), 1737-1745쪽.

장재호(2017). 인공지능의 음악성. 한국예술연구, 15, 29-44쪽.

주윤지 · 박운상(2023). 생성형 인공지능을 활용한 음악의 시각화. 한국차세대컴퓨팅학회 춘계학술대회, 291-294쪽.

최효승 · 손영미(2017). 인공지능과 예술창작 활동의 융복합 사례분석 및 특성 연구. ≪한국과학예술융합학회≫, 28, 289-299쪽.

한국음악저작권협회(2023). AI 보컬 기술과 저작권: 공존을 위한 가이드라인, https://www.komca.or.kr/guidelines/ai-vocals

한나래 · 이승연(2023.6). 인공지능의 음악 그리고 창의성. ≪한국엔터테인먼트산업학회 학술대회 논문집≫, 1-8쪽.

Dash, Adyasha & Agres, Kat R.(2023). AI-Based Affective Music Generation Systems: A Review of Methods, and Challenges. arXiv, arXiv:2301.06890

Hyeong-Seok, Choi et al.(2022). NANSY++: Unified Voice

Synthesis with Neural Analysis and Synthesis. arXiv, arXiv:2211.09407.

Jeong, S. & D. Phillips(2024). AI 보컬 기술이 음악 생태계에 미치는 사회적 영향 분석. ≪한국음악산업연구≫, 15(1), 56-72쪽.

Joyner, Kassidy(2021). Singing and Pronunciation: A Review of the Literature. Master's thesis, University of Arkansas, Fayetteville.

Kim, H. & A. Davis(2023). 디지털 시대의 음악 창작: 인공지능과 인간의 협업. 한국예술연구소.

Kim, J. & S. Lee(2023). Collaborative Models Between AI Vocal Systems and Human Musicians. *International Journal of Music Technology*, 18(3), pp.245-267.

Nakamura, T. & K. Wilson(2023). 인공지능 보컬과 인간 창작자의 공존 모델 연구. ≪한국음악콘텐츠학회 논문집≫, 15(2), 112-128쪽.

Yamamoto, Ryuichi et al.(2022). NNSVS: A Neural Network-Based Singing Voice Synthesis Toolkit. *Papers with Code*.

이기영

강서대학교 실용음악과 겸임교수, 세한대학교 실용음악과 겸임교수이자 상명대학교 대학원 뉴미디어음악학과, 동아방송예술대학 K-POP과, 한양여자대학교 실용음악과 강사로 교육 활동하고 있다. 인공지능 음악 회사 AnAI의 기술부장(CRO)으로 재직 중이다. 백제예술대학교 실용음악과 보컬전공을 졸업하고(예술 전문학사), 경희대학교 교육대학원에서 실용음악교육을 전공(교육학 석사)했으며, 상명대학교 대학원 뉴미디어음악학과에서 음악학 박사학위를 취득했다. 라틴밴드 ESPERANZA 및 dasafio의 보컬로 활동했으며, 하이진 재즈콰이어 테너 보컬로서 활동하며 앨범을 발매했다. DDP, 백암아트센터, 세종문화회관, 백제문화제 등 다수의 재즈 클럽 및 국내외 공연 초청 무대에 올랐다. 글로벌 K-POP 콩쿠르 심사위원으로 활동했으며, 가수 이기영의 싱글 앨범 〈그때 그대〉, 〈눈이 부시게〉, 〈나침반〉, 〈죽어가는 것에 대한 행복〉 등을 발매했다. 음악 교육자로서 하림연예예술고등학교, 한빛맹학교, 인천생활예술고등학교에서 교사로 보컬과 실용음악을 지도했으며, 백제예술대학교, 김포대학교, 대진대학교 실용음악과에서 교수로 재직했다. 연구자로서 AI 기반 보컬 음성 합성과 음원 분리 기술을 연구하고 있으며, 한국문화산업학회 우수 논문상을 수상했다(2024). 석사학위 논문으로 "고등학교 실용음악 보컬 교육 현황과 개선방안에 대한 연구"를, 박사학위 논문으로 "음운론적 특성을 기반으로 인공지능 보컬 음성 합성의 발음 개선 연구"를 발표했다. 주요 연구로는 한국문화산업학회 KCI 등재 논문 음운론적 특성을 기반으로 인공지능 보컬 음성 합성의 발음 개선 연구가 있으며, AI 기술 관련 특허로 "복수의 프로세싱 유닛에 기초해 음원 데이터에서 보컬 성분을 제거하는 기법"(KR 10-2757574)과 "비가청 주파수를 활용한 보이스 피싱 방지 기법"(KR 10-2742163)을 출원했다(2024~2025).